Russian in a Contemporary '
Русский в современном мире

Russian in a Contemporary World is an intermediate textbook with a focus on improving oral and written skills of the Russian language by encouraging students' creative potential with their use of language in a contemporary society, such as media, TV, art and technology.

Key features of the textbook include:

- Use of original texts and application of material by choosing topics which reflect the students' general interests, according to a survey conducted among Humanities undergraduates, and which are essential for students of Russian language, culture and society;
- Practical skills: the textbook allows students to process primary text sources, summarising, writing and expressing their views on certain sociopolitical issues;
- Raises issues which are being widely discussed in present-day Russia and introduces trends in the development of modern Russian society;
- Providing feedback: students can check their work against answer keys that feature in a number of exercises as well as find discussions on different grammatical topics in the Appendix.

Aimed at B1-B2 and Intermediate-Mid students of Russian, this is the ideal textbook for those aiming to improve their Russian whilst gaining knowledge of contemporary Russian culture and society. With answer keys and grammar topics included, the textbook is also ideal for independent study.

Elena Simms is Language Tutor of Russian in the University Language Centre and in the Department of Russian and East European Studies at The University of Manchester. She previously taught at Moscow State University where her academic career began in 1995. She holds a PhD in Russian as a Foreign Language from the Pushkin State Russian Language Institute in Moscow. Her current area of focus is the methodology of teaching Russian as a foreign language with an interest in communicative, innovative language teaching and learning at university level.

Tatiana Romanova is Senior Language Tutor in Russian at RUDN University, Moscow, Philological Faculty, Department of the Russian Language and Teaching Methods. She is a graduate of Lomonosov Moscow State University and is the author of numerous textbooks on teaching Russian as a foreign language. Her main interests are linguistics, multi-culturalism and literature.

Russian in a Contemporary World

A Textbook for Intermediate Russian

РУССКИЙ В СОВРЕМЕННОМ МИРЕ

Пособие по русскому языку
(средний этап)

Elena Simms and Tatiana Romanova

Routledge
Taylor & Francis Group

LONDON AND NEW YORK

First published 2020
by Routledge
2 Park Square, Milton Park, Abingdon, Oxon OX14 4RN

and by Routledge
52 Vanderbilt Avenue, New York, NY 10017

Routledge is an imprint of the Taylor & Francis Group, an informa business

© 2020 Elena Simms and Tatiana Romanova

British Library Cataloguing-in-Publication Data
A catalogue record for this book is available from the British Library

Library of Congress Cataloging-in-Publication Data
Names: Simms, Elena, author. | Romanova, Tatiana, author.
Title: 880-01 Russian in a contemporary world : a textbook for intermediate Russian = Russkiĭ v sovremennom mire : posobie po russkomu iazyku (sredniĭ ėtap) / Elena Simms and Tatiana Romanova.
Other titles: 880-02 Russkiĭ v sovremennom mire : posobie po russkomu iazyku (sredniĭ ėtap)
Description: 1. | New York : Routledge, 2019.
Identifiers: LCCN 2019026316 (print) | LCCN 2019026317 (ebook) | ISBN 9780367332181 (hardback) | ISBN 9780367332150 (paperback) | ISBN 9780429318542 (ebook)
Subjects: LCSH: Russian language—Textbook for foreign speakers—English.
Classification: LCC PG2129.E5 S489 2019 (print) | LCC PG2129.E5 (ebook) | DDC 491.782/421—dc23
LC record available at https://lccn.loc.gov/2019026316
LC ebook record available at https://lccn.loc.gov/2019026317

ISBN: 978-0-367-33218-1 (hbk)
ISBN: 978-0-367-33215-0 (pbk)
ISBN: 978-0-429-31854-2 (ebk)

Typeset in Times New Roman
by Apex CoVantage, LLC
Printed and bound by CPI Group (UK) Ltd, Croydon, CR0 4YY

Contents
Содержание

Acknowledgements
Благодарность

We would like to express our thanks to everyone who has been involved in the preparation of this book, in particular to Neil Hailey for his valuable input. Other people we would like to acknowledge are Svetlana Romanova and Maria Kostjukevich for their help, and Sofya Romanova who assisted us with the drawings for the book. Our special thanks to students at The University of Manchester, to the Peoples' Friendship University of Russia for their enthusiastic response to the book, and to the Routledge team who helped us to move this project forward.

We would also like to thank the photographers who have given us permission to include their photos in the book: Dmitry Rozhkov (photo of V. Pozner, Lesson II and photo of I. Rodnina, Lesson V), Ilya Shurov (photo of David Yang, Lesson V), Aleksey Spiridonov (photo of Fedor Konyukhov, Lesson V).

Introduction
Введение

The textbook *Russian in a Contemporary World* has practical applications for UK Russian language university students in their second and third years (B1-B2 level) and is designed for short-term (24 contact hours per semester) tuition.

The book is aimed at improving students' oral and written skills. It can also be used both as a core textbook and as reference material for other Russian language courses, as well as being useful for self-study learners who wish to improve their intermediate and advanced level Russian. It could be used as a textbook for Heritage Learners if other universities are able to offer such courses.

The textbook aims to enhance the students' creative potential with particular emphasis on the use of contemporary media language. Special emphasis is given to Russian vocabulary and word formation. Students will also gain a better understanding of the different linguistic varieties of texts which will help improve their ability to deliver oral and written presentations in a foreign language.

The textbook deals with original texts which reflect the students' general interests (according to a survey conducted among Humanities undergraduates at The University of Manchester and the Peoples' Friendship University of Russia) and will help students to broaden their knowledge of contemporary Russian culture and life.

As well as improving student language skills, the book also aims to develop learning strategies, such as predicting the content and extracting key information from individual texts; summarising and analysing the content, structure and style of texts; ensuring all these elements are incorporated into the students' own writing, and to help them when choosing and preparing the content of oral presentations.

Russian in a Contemporary World consists of 10 chapters of paired lessons which are thematically and logically interlinked. Each chapter focuses on a specific cultural theme. Chapters that include contrasting opinions and styles are interlinked and may provide a different perspective on the same issues, thereby encouraging discussion among students. The time allocated for individual chapters may vary from two to four hours of class time and will depend on the group's language abilities and specific teaching goals.

Each lesson includes an original text on sociocultural topics and polylogues taken from the Russian section of the Internet. These are accompanied by a series of increasingly difficult reproductive/productive vocabulary and grammar exercises, i.e. getting the students to repeat what is said or heard. Creative reproduction is linked to a number of mental processes including summarising and synthesis abilities. The vocabulary used in the texts meets the requirements of the Russian lexical minimum for Levels 1 and 2 of Russian language proficiency and is equivalent to B1 – B2 levels under the Common European Framework of Reference for Languages (CEFRL).

These 10 paired lessons are structured in ways that complement one another. For example, lesson 1 can be used in class sessions, while lesson 2 broadens student knowledge and is a logical extension of lesson 1, which can also be used for self-study at home, or as instructed by the teacher.

Word exercises comprise one of the principal elements of each chapter and are designed to train students in the correct use of the phrases used in each topic. This will be particularly important in helping students to assimilate and recognise topic-related vocabulary and so equip them with the necessary vocabulary skills to read Russian media sources, both in print and on the Internet. Each chapter has its own vocabulary list of key words for the topic which are included in the "*Запомнить*" section.

The "*Готовимся к тесту и эссе*" section is mainly intended for homework. It also aims to provide an understanding of the topic-related vocabulary used in each chapter, help students learn specific syntactic constructions and commonly used expressions in preparing oral summaries, as well as assist them in their essay writing. Additionally, it includes translation, gap-filling and discourse construction tasks (individually and in pairs).

The textbook assumes a knowledge of basic Russian grammar and therefore contains a series of complex exercises aimed at consolidating an understanding of lexical and grammatical topics such as the formation of verbal nouns; use of case variants; converting active constructions into the passive voice and forming present active and past passive participles; word order; use of the short form of adjectives, as well as paraphrasing, comparing and summarising in simple and more difficult sentences.

Additional essential grammatical information is provided in tabular form in *Appendix* which also includes step instructions for essay writing (format, main text and conclusion, structures, useful phrases, words and linking words).

Answer keys for several exercises can also be found in *Appendix*.

Special icons in the textbook indicate when students need to refer to:

Pre-text activities

Post-reading activities

A dictionary

Answer keys to exercises

A discussion activity

Essay writing

The Appendices

Pay attention

Material for memorising

I Глобальный международный язык

В уроке обсуждается необходимость изучения иностранных языков.

- <u>Ключевые слова</u>: иностранный язык, чужой язык, носитель языка, распространение, преобладание, владение языком, востребованный.
- Образование отглагольных существительных. Падежи. Выражение изъяснительных отношений в сложноподчинённом предложении.
- Эссе "Необходимо ли изучать иностранные языки?"

Урок 1

ПРЕДТЕКСТОВЫЕ ЗАДАНИЯ

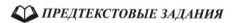 **Задание 1.** Обсудите в парах ответы на вопросы. Обратите внимание на подчёркнутые слова. Замените их на синонимичные. / **Work in pairs. Pay attention to the underlined words. Replace the underlined words with synonyms**.

1 Какой <u>государственный</u> язык в стране, в которой вы проживаете?
2 На каких языках говорят <u>граждане</u> в вашей стране?
3 Какой ваш родной язык? В каких странах говорят на вашем родном языке?
4 Какими языками вы <u>владеете</u>?
5 Какие языки, по вашему мнению, самые <u>востребованные</u> в мире?
6 Является ли русский язык <u>глобальным</u>?

Задание 2. **Проведите опрос в группе, почему люди изучают иностранные языки. Запишите результаты в таблицу. Назовите причины, по которым люди изучают иностранные языки. / Survey your groupmates why they learn foreign languages and fill in the table. Summarise the information you've received from the students**.

Вопросы	Студент 1	Студент 2	Студент 3
Какие иностранные языки ты изучаешь?			
С какой целью ты изучаешь иностранный язык?			
Почему ты выбрал(а) этот язык?			

Задание 3. **Прочитайте мнения участников форума "Какой иностранный язык лучше учить сегодня". Подчеркните в каждом фрагменте одно-два ключевых слова или выражения, объясняющих, почему участник форума выбирает тот или иной язык. / Read the opinions of forum participants "What language is better to learn today". Underline one or two key words or phrases that explain why he/she chooses a language**.

Олег: Знание нескольких иностранных языков сегодня, конечно, необходимо. И неважно, связано ли это с работой или с увлечениями. Разговаривать с зарубежными партнёрами, когда ведёшь переговоры, или путешествовать – всё это требует знания иностранного языка. Чаще всего мы используем английский язык, так как сейчас многие говорят на нём. Поэтому это самый востребованный язык мира. Хорошо, что выучить его не так сложно!

Таня: Конечно, испанский язык! Говорят, что по распространённости испанский язык находится на втором месте, и на нём говорит 7,8 % населения нашей планеты. Наверное, поэтому испанский является рабочим языком ООН. Я обожаю путешествовать и хочу поехать в Латинскую Америку. А если знаешь язык, то путешествовать будет намного интереснее, потому что сможешь узнать жизнь, так сказать, изнутри.

Силард: Согласен, испанский очень красивый и востребованный язык, но на первом месте по распространённости всё-таки китайский. Китай

развивается сегодня быстрыми темпами и, возможно, в ближайшем будущем займёт лидирующую позицию, станет новой мировой сверхдержавой. Я думаю, что нужно учить китайский язык, точнее мандарин, потому что это официальный язык страны. Говорят, что грамматика китайского языка относительно проста. Но вот китайская письменность, иероглифы, для меня – как страшный сон. Даже не все китайцы могут выучить их!

Джулия: Русский тоже входит в число шести языков ООН. И сегодня на нём говорит около 350 млн человек. Я люблю литературу. А как известно, на русском языке писали Толстой, Чехов, Достоевский, Булгаков. Можно сказать, что русский – это язык литературы. И я готова ради того, чтобы прочитать этих авторов в оригинале, выучить очень сложный язык.

Питер: Язык Корана – арабский. Те, кто знает арабский, сегодня получают высокие зарплаты и востребованы на рынке труда. Правда, никто точно не может сказать, насколько долго продлится такая ситуация. Учить арабский трудно. Это сложный язык. К тому же есть ещё один минус. Существует много диалектов арабского, значительно отличающихся друг от друга.

Ребекка: Я бы посоветовала изучать французский язык. Если он и уступает в распространённости другим языкам, то, безусловно, обгоняет в таких областях, как мода, театр, изобразительное искусство, наконец, гастрономия. Кроме того, исторически, французский – это язык дипломатии. Конечно, не все хотят стать дипломатами! И французский язык несколько сдал свои позиции в

международном сообществе. Сегодня он не настолько важен в сравнении с тем, каким был раньше. Зато французский язык очень красив!

Анна: Куда ни посмотришь, все бросаются изучать английский или испанский. Но я думаю, что всё большее значение приобретает португальский, на котором говорят не только в Португалии, но и в активно развивающейся Бразилии. Если вы начнёте изучать португальский, вы поймёте, что он немного сложнее других языков. Но, заговорив на нём, вы будете выделяться на фоне тех, кто знает или учит английский и испанский.

Роберт: Японский или турецкий. Первый язык сложен, но мне бы хотелось его выучить, потому что меня интересует японская культура. Кроме того, Япония – экономическая сила в мире. Турецкий, думаю, не такой трудный. Однако знать его важно, поскольку это язык влиятельной страны на Ближнем Востоке.

 ПОСЛЕТЕКСТОВЫЕ ЗАДАНИЯ

Задание 4. С кем из участников форума вы согласны? При ответе используйте слова и выражения *кто? считает что?; кто? думает; кто? (не) согласен с кем?/с чем?/* Who do you agree with? In your answer, use the phrases *кто? считает что?; кто? думает что?; кто? (не) согласен с кем?/с чем?*

 Задание 5. Обсудите в группе. / Discuss the following questions in a group.

- Важно ли знать иностранные языки? Почему?
- Что такое глобальный язык?
- Нужно ли изучать историю страны изучаемого языка?
- Существует ли проблема вытеснения языков? Приведите примеры.

Задание 6. Найдите в Интернете статью по обсуждаемой теме (см. вопросы в задании 5), подготовьте устный пересказ. При работе над статьёй используйте приложения 5 и 6 в конце книги. / Find an article on the Internet about the discussed topic (see questions in task 5). Prepare an oral summary of an article. Refer to Appendices 5 and 6 at the end of the book.

Урок 2

ПРЕДТЕКСТОВЫЕ ЗАДАНИЯ

Задание №1. А) Определите, от каких глаголов образованы следующие существительные. Запишите их. / A) Determine from which verbs the following nouns are formed. Write them down.

преобладание   разрушать   влиять

навязывание

проникновение   преобладать

владение   навязывать

доминирование   сохранять

ведение   владеть

распространение

сохранение   понимать

проникать

понимание   распространять

разрушение   доминировать

влияние   вести

Б) **Образуйте существительные от следующих глаголов. / Б) Form the nouns from the following verbs.**

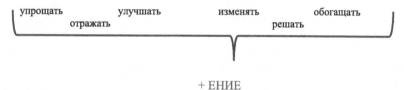

упрощать   улучшать   изменять   обогащать

отражать   решать

+ ЕНИЕ

<u>Задание 2</u>. **Объедините слова, данные ниже, в словосочетания. Посмотрите значения слов в словаре. / Combine the words to form the collocations. Look up their meaning in the dictionary.**

владеть   с носителями языка

общаться   наносить

оказывать   языком

общение   свою идентичность

улучшать   влияние

вред   отражаться

связи   упрощать

терять   в языке

вести   в культуру

проникать   бизнес

<u>Задание 3</u>. **Прочитайте слова. Скажите, о чём этот текст? / Look at the word cloud and try to guess what this text is about.**

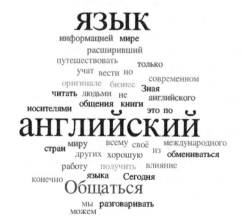

ЯЗЫК

информацией мире
расширивший
путешествовать   только
учат вести но   современном
оригинале бизнес Зная
читать людьми не английского
носителями общения книги это по

английский

стран миру всему своё международного
других хорошую из обмениваться
работу получить влияние
конечно языка Сегодня
Общаться
мы разговаривать
можем

Задание 4. Прочитайте текст. Придумайте название. / Read the text. Suggest a title.

В современном мире английский – это язык международного общения. Сегодня учат английский язык с разной целью: для того, чтобы путешествовать, читать в оригинале книги, получить хорошую работу, вести бизнес и, конечно, общаться. Общаться не только с носителями английского языка, но и с людьми из других стран! Зная английский язык, мы можем разговаривать и обмениваться информацией даже с теми, кто живёт в отдалённых уголках света! Английский язык, расширивший своё влияние по всему миру, улучшает взаимоотношения между людьми, помогает заводить новых друзей и развивать экономические связи.

Кроме того, есть и ещё одна выгода от умения говорить по-английски. Человек обогащает свой мир и существенно расширяет кругозор. Язык отражает и образ жизни, и образ мысли. А учась видеть мир другими глазами, мы приобретаем также ещё и возможность оценить свой родной язык. Ведь, как говорил Гёте, "кто не знает иностранных языков, ничего не знает и о своём собственном".

Однако доминирование английского языка приносит в нашу жизнь не только хорошее. Проникая в другие культуры, он иногда чрезмерно "навязывает" свои нормы, традиции. Сегодня молодые люди, например, любят называть своих детей английскими именами (Алиса), отмечать нетрадиционные для их культуры праздники (Хэллоуин). Всё это отражается в родном языке. Если поначалу новые традиции кажутся странными и необычными, то затем они входят в привычку.

Вместе с тем английский язык и сам становится "жертвой" своей популярности. Массовое его распространение среди людей разных национальностей привело к тому, что сегодня сформировался как бы второй английский, "английский как иностранный". Навряд ли вам удастся услышать чистую английскую речь, если говорят не носители языка, а, скажем, два испанца в Мадриде! В этом случае, скорей всего, вы услышите лексические и грамматические ошибки, нарушения норм, которые никогда бы не допустили носители.

Да и на улицах английских городов сегодня часто звучит не язык Шекспира, а нечто иное. Эмигранты, приезжающие в Великобританию, меняют английский, внося в него особенности родного языка и колорит своей культуры.

Так хорошо или плохо, если английский язык будет по-прежнему оставаться международным? И как можно при этом сохранить родной язык и культуру? С одной стороны, знание иностранных языков способствует развитию человека, но, с другой стороны, может и навредить! Каким образом решить данную проблему?

По-видимому, этот вопрос должен решаться как индивидуально человеком, так и на государственном уровне. Всё зависит от нашей личной ответственности. А она воспитывается семьёй, педагогами и государством, которое должно вести политику, способствующую развитию интереса к родному языку, а также уважения к другим языкам и культурам.

ПОСЛЕТЕКСТОВЫЕ ЗАДАНИЯ

Задание 5. **Найдите в тексте предложения со словами из задания 1. Переведите их на английский. Выпишите словосочетания с этими словами. / Find the sentences with the words from exercise 1 in the text and translate them into English. Write out the collocations with these words from the text.**

> *Образец:* владение – владение (английским) языком
> упрощать – упрощать общение

Задание 6. Найдите фрагмент статьи, где автор описывает положительные и отрицательные стороны преобладания английского языка в мире. Запишите ключевые слова и фразы в таблицу. / Find the part in the text where the author discusses the pros and cons of the influence that the English language has had around the world. Put the key words and phrases in the table.

+	−

Задание 7. Выберите из данных предложений те, которые соответствуют позиции автора. Согласны ли вы с данными утверждениями? При ответе используйте выражения *я считаю, я думаю, я (не) уверен, что*. / From the sentences below, choose those that correspond to the author's point of view. Do you agree with the statements expressed? In your answer, use the phrases *я считаю, я думаю, я (не) уверен, что*.

1   Английский язык – это язык международного общения.
2   Владение английским языком упрощает общение между людьми, улучшает экономические связи.
3   Изучая чужой язык, человек поддаётся его влиянию, принимая другие традиции.
4   Доминирование английского плохо влияет на другие культуры.
5   Все люди должны знать английский язык.
6   Знание иностранных языков опасно для нации.

Задание 8. **Вставьте в данные предложения необходимые глаголы в нужной форме, используя слова из текста. / Complete the sentences below by using the verbs from the text in the correct form.**

1   Английский язык . . . взаимоотношения между людьми, помогает заводить новых друзей и развивать экономические связи.
2   Чтобы хорошо говорить на языке, нужно . . . с носителями языка.
3   Владение английским языком . . . общение между людьми в разных странах.
4   Все изменения, которые . . . в жизни, . . . в языке.
5   У людей, изучающих иностранный язык, . . . понимание мира.

Задание 9. **Перескажите текст, используя следующие выражения. / Summarise the text using the following phrases:** *автор уделяет внимание (чему?); автор отмечает (что?); автор подчёркивает (что?).*

ГОТОВИМСЯ К ТЕСТУ И ЭССЕ

Задание 10. **Разгадайте кроссворд. / Solve the crossword puzzle.**

1   Расширение, увеличение влияния.
2   Интернациональный (синоним).
3   На территории России проживают разные . . .
4   Улучшать . . . (множественное число).
5   Наносить . . .
6   Знать язык, говорить на каком-л. языке (глагол).
7   Английский язык оказывает . . .
8   Общность, одинаковость, тождественность.

Задание 11. Переведите слова и фразы на английский/русский язык. При переводе глаголов на русский язык укажите оба вида. / Translate the words and word combinations into English/Russian. When translating verbs into Russian, provide both verbal aspect forms. 🔑

	обогащать / обогатить
influence	
	носитель языка
widely spoken language	
to destroy	
	востребованный
to improve	
	преобладание
identity	
foreign language	

Задание 12. Переведите слова, данные в скобках на русский язык. Дополните предложения, поставив данные слова в правильную форму. / Translate the words given in brackets into Russian. Complete the sentences by using these words in the appropriate form. 🔑

1 Английский язык самый _____ (most in-demand) язык мира.

2 Китайский язык _____ (to acquire) всё большее значение.

3 Русский язык является _____ (international language).

4 Многие иностранные студенты в России хорошо _____ _____ (have a good command of Russian).

5 Знание иностранного языка _____ (to make it easy) общение.

6 В России живут _____ (representatives) 190 национальностей.

7 Английский язык _____ (to influence) на другие языки и изменяет сознание его _____ (native speakers).

8 Массовое _____(prevalence) английского языка в мире имеет свои положительные и отрицательные стороны.

9 Изучая _____ (foreign) язык, человек может лучше понять свой _____(native) язык.

10 Владение английским языком _____ (to enrich) мир того, кто знает его.

Задание 13. Напишите эссе на тему "Необходимо ли изучать иностранные языки?". При работе над эссе используйте приложения 5 и 6 в конце книги. / Write a short essay "Необходимо ли изучать иностранные языки?". Refer to Appendices 5 and 6 at the end of the book. 📖

✋ ЗАПОМНИТЬ!

владе́ние языко́м	language proficiency, language skills
волнова́ться	to worry
востре́бованный	most in-demand
домини́рование (чего?)	supremacy
же́ртва	victim
изменя́ть / измени́ть (что?)	to change
навя́зывание	imposing
наноси́ть / нанести́ (что? кому?)	to damage / to bring harm
нанести́ *вред*	
национа́льность	nationality
носи́тель языка́	native speaker
обогаща́ть / обогати́ть (кого? что?)	to enrich
отража́ться / отрази́ться (в чём?)	to be reflected in
оце́нивать / оцени́ть (что? кого?)	to appreciate, to value, to understand
поддава́ться / подда́ться (чему?)	to fall under influence
поддава́ться влия́нию	
представи́тель	representative
преоблада́ние	domination, prevalence
приобрета́ть / приобрести́ (что?)	to acquire greater importance/take on
приобрета́ть значе́ние	great importance
проникнове́ние	entering
разруше́ние	destruction
распространённый (язык)	widely spoken language
самобы́тность	identity
улучша́ть /улу́чшить (что?)	to improve
упроща́ть / упрости́ть (что?)	to make it easy, to facilitate
чужо́й язы́к	foreign

II ТЕЛЕВИДЕНИЕ

**В уроке обсуждаются проблемы современных СМИ и перспективы
их развития (на примере телевидения).**

- <u>Ключевые слова</u>: телевидение, жанры телепрограмм, передача,
  аудитория, рейтинг, зритель, канал, цензура, свобода слова, эфир,
  СМИ.
- Глагольное управление, падежи. Выражение сравнительных
  отношений в простом и сложноподчинённом предложениях.
- Эссе "Вытеснит ли Интернет телевидение?

Урок 1

ПРЕДТЕКСТОВЫЕ ЗАДАНИЯ

<u>Задание 1.</u> **Определите значения слов, сходных со словами английского
языка. Обратите внимание на их грамматическое оформление в русском
языке. Проверьте себя по словарю. / Determine the meaning of the following words which are similar to English. Pay attention to their Russian spell-
ing. Check your work in the dictionary.**

русский язык	*английский язык*
аудитория	
бюджет	
кабельный	
канал	
медиа	
спутниковый	
рейтинг	
холдинг	

Задание 2. **Прочитайте и постарайтесь понять данные ниже слова и словосочетания. / Read and try to understand the words and phrases given below with the help of: a) synonyms or interpretation, b) antonyms or interpretation.**

а) **с помощью синонимов или толкования слов:**

доля = часть целого;   сутки = 24 часа;

зрители = аудитория;   совокупный = общий;

скромные (потери) = небольшие (потери)

б) **с помощью антонимов или толкования слов:**

снизиться ≠ повыситься   уменьшиться ≠ увеличиться

Задание 3. **Определите значение однокоренных слов. Проверьте себя по словарю. / Determine the meaning of cognates. Check your work in the dictionary.** ⓘ

а) реклама, рекламодатели;   в) платить, плата, платный

б) цель, целевой;   г) точный, уточнять

д) терять, потерять, потеря;

Задание 4. **Найдите программу передач российского телевидения в Интернете.**

Выпишите примеры телепередач по жанровой принадлежности. / Find Russian TV listings online. Write down the examples of TV programmes according to their genre.

Жанры телепрограмм	Название передачи
развлекательные	
реалити-шоу	
ток-шоу	
аналитические	
телевикторины	
информационные	
авторские	
интервью	
новостные	

Задание 5. **Посмотрите значения слов в словаре. Объедините слова по парам. / Look up the meaning of these words in the dictionary. Match the words to form collocations.**

Задание 6. **Прочитайте текст. / Read the text.**

Крупнейшие российские каналы теряют зрителей

Аудитория пяти крупнейших в России телеканалов в прошлом году снизилась или в лучшем случае не выросла – как у ТНТ, следует из данных аналитической компании TNS. Это произошло впервые за много лет. В список крупнейших каналов страны входят "Первый канал", "Россия 1" (управляется госхолдингом ВГТРК), НТВ, ТНТ (ими управляет "Газпром-медиа") и СТС (холдинг СТС Media).

ТВ – крупнейшее медиа в России с точки зрения как аудитории (хотя бы раз в месяц его смотрит 99% населения страны), так и рекламных бюджетов (на эфирные каналы приходится около половины национального рынка рекламы). Рекламодатели тратят на продвижение в эфире этих каналов около 65% всех телевизионных бюджетов.

Самым популярным каналом страны остаётся "Первый", но доля этого канала в его целевой аудитории (зрители 14–59 лет) уменьшилась в прошлом году. Больше всего зрителей из всех каналов топ-5 потерял СТС: его доля в целевой аудитории (зрители 10–45 лет) снизилась до 8%. По доле среди всех зрителей СТС теперь только шестой. Его место в пятёрке занял "Пятый канал" (аудитория которого, впрочем, тоже уменьшилась). ТНТ остаётся на прежней позиции (среди зрителей 14–44 лет). Фактически аудитория ТНТ не снизилась, а просто не выросла, уточняет директор по ТВ-исследованиям TNS Ксения Ачкасова. Это подтверждается и данными по рейтингу ТНТ (доля людей, включающих этот канал хотя бы раз в сутки, в населении страны).

Зрителей начали терять крупнейшие каналы. Это показывает, насколько далеко зашла фрагментация телевизионной аудитории в России. Зрители всё чаще находят интересные для себя программы на небольших эфирных и на платных каналах, транслируемых кабельными и спутниковыми операторами. В прошлом году выросла аудитория многих эфирных каналов, не входящих в топ-5 ("Домашний", ТВ3, "Пятница", РЕН ТВ, "ТВ центр", "Карусель" и т. д.), следует из данных TNS. Заметно прибавилось зрителей и у так называемого тематического ТВ (в основном не эфирного). Если совокупная доля трёх крупнейших каналов ("Первого", "России 1" и НТВ) снизилась в последние три года с 41 до 36,5%, то доля тематического телевидения выросла с 10% до 15%.

 ПОСЛЕТЕКСТОВЫЕ ЗАДАНИЯ

Задание 7. **Прочитайте предложения. Расположите их в соответствии с последовательностью изложения материала в тексте. / Read the sentences. Arrange them in the same order as they appear in the text**.

1   Аудитория пяти крупнейших в России телеканалов в прошлом году снизилась или в лучшем случае не выросла – как у ТНТ, следует из данных аналитической компании TNS.

2   Зрителей начали терять крупнейшие каналы. Это показывает, насколько далеко зашла фрагментация телевизионной аудитории в России.

3   Зрители всё чаще находят интересные для себя программы на небольших эфирных и на платных каналах, транслируемых кабельными и спутниковыми операторами.

4   Самым популярным каналом страны остаётся "Первый", но доля этого канала в его целевой аудитории (зрители 14–59 лет) уменьшилась в прошлом году.

Задание 8. **Ответьте на следующие вопросы. Answer the following questions**.

1   Какие изменения коснулись телевидения впервые за много лет?

2   Какие каналы входят в пятёрку крупнейших в России? Назовите самый популярный канал.

3   Сколько человек хотя бы раз в месяц смотрят телевидение в России?

4   Почему крупнейшие каналы начали терять зрителей?

5   Назовите каналы, у которых выросла аудитория?

Задание 9. **Передайте основное содержание текста, используя следующие слова и выражения. / Summarise the text using the following words and phrases**.

Аудитория, снижаться / снизиться (на сколько?), входить в список (чего?), управлять (чем?), целевая аудитория, потерять (что?), уменьшаться (на сколько?), занимать / занять (какое место?), подтверждаться (чем?), данные, расти / вырасти (на сколько?).

Урок 2

📖 *ПРЕДТЕКСТОВЫЕ ЗАДАНИЯ*

Задание 1. Подберите пары слов-антонимов из колонок. В случае затруднения, смотрите значения слов в словаре. / Match the antonyms. Refer to the dictionary if necessary. 🛈

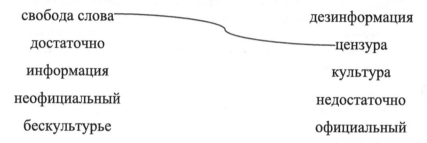

свобода слова	дезинформация
достаточно	цензура
информация	культура
неофициальный	недостаточно
бескультурье	официальный

Задание 2. Прочитайте текст. Придумайте название. / Read the text. Suggest a title.

Охват населения страны различными СМИ сейчас беспрецедентно широк: только 2% россиян не смотрят телевидение, только 20% не читают газет, только 35% не слушают радио. Причём средства массовой информации – один из тех институтов, чья работа пользуется наибольшим одобрением граждан.

Интересно, что при этом только 24% опрошенных склонны больше доверять информации, полученной от близких, друзей и родственников, тогда как 49% отдают предпочтение информации профессиональных журналистов. Причём больше всего доверяют  телевидению (70%), затем идут печатная пресса (50%) и радио (44%).

Но, пожалуй, наиболее интересно то, что основные претензии россиян к СМИ связаны не с отсутствием свободы слова, а с отсутствием или недостаточностью цензуры. В её необходимости убеждены 58% граждан, указывающих на перенасыщенность наших СМИ насилием, пошлостью, дезинформацией и бескультурьем.

Само по себе понятие цензуры не является для россиян табу. Однако цензурировать политическую информацию предлагает абсолютное меньшинство. По мнению людей, цензура должна быть направлена против насилия, разврата, пошлости (40%), клеветы и дезинформации (22%), против глупости и на повышение культуры, образования граждан через СМИ (11%) и, наконец, против передач, которые "разлагают детей и молодёжь" (9%).

Вот такая – социальная и моральная, а вовсе не политическая – должна быть цензура. А есть ли, по мнению граждан, она сейчас? Только 8% считают, что государство цензурирует СМИ, а 28% никакой цензуры не замечают в принципе. Остальные же считают, что журналисты занимаются самоцензурой, либо цензура есть, но неофициальная, либо что одни издания (телеканалы) подвергаются цензуре, в то время как другие от неё свободны.

ПОСЛЕТЕКСТОВЫЕ ЗАДАНИЯ

Задание 3. Согласитесь или опровергните данные ниже утверждения. При ответе используйте выражения *автор считает, автор думает, он уверен, журналист полагает, он говорит.* **/ Agree or disagree with the following statements. In your answer, use the phrases** *автор считает, автор думает, он уверен, журналист полагает, он говорит*.

1 Только 20% россиян не смотрят телевидение, только 2% не читают газет, только 35% не слушают радио.
2 Только 49% отдают предпочтение информации профессиональных журналистов.
3 В необходимости цензуры убеждены 58% граждан.
4 Цензурировать политическую информацию предлагает абсолютное большинство.
5 Цензура должна быть социальная и моральная.
6 Только 28% считают, что государство цензурирует СМИ, а 8% никакой цензуры не замечают в принципе.

Задание 4. Вставьте в данные предложения необходимые глаголы в нужной форме, используя слова из текста. / Complete the sentences by inserting the verbs from the text in the correct grammatical form.

1 Больше всего . . . телевидению.
2 Понятие цензуры не . . . для россиян табу.
3 Однако . . . политическую информацию предлагает абсолютное меньшинство.
4 Только 8% считают, что государство . . . СМИ.
5 Остальные же считают, что журналисты . . . самоцензурой.
6 Одни издания . . . цензуре, в то время как другие от неё свободны.

🔔 ГОТОВИМСЯ К ТЕСТУ И ЭССЕ

Задание 5. Разгадайте кроссворд. / Solve the crossword puzzle.

1 Контроль за содержанием информации.
2 Ложь, ложное обвинение.
3 Запрет.

4   Одно из основных средств массовой информации.
5   Зрители.
6   Разделение на части.

Задание 6. Переведите слова и выражения на английский/русский язык. При переводе глаголов на русский язык укажите оба вида. / Translate the words and word combinations into English/Russian. When translating the verbs into Russian, provide both verbal aspect forms. 🔑

	ведущий (программы, шоу)
to be on the list	
	вещать
	насилие
	доверять/доверить
to confirm, to approve	
advertisement	
	передача
censorship	
	зрители (зрительская аудитория)

Задание 7. Переведите слова, данные в скобках, на русский язык. Дополните предложения, используя эти слова в нужной форме. Если необходимо, используйте предлоги. / Translate the words given in brackets into Russian. Complete the sentences by using these words in the appropriate form. Use prepositions if necessary. 🔑

1   Аудитория пяти крупнейших в России телеканалов в прошлом году _____(to drop down).

2   В список крупнейших каналов страны _____(to be on the list) "Первый канал", "Россия 1", НТВ, ТНТ и СТС.

3   На эфирные каналы _____ (to be accounted for) около половины национального рынка рекламы.

4   _____ (the most popular TV channel) остаётся "Первый".

5   _____ (viewers) начали терять крупнейшие каналы.

6   24% опрошенных склонны больше _____ (to trust) информации, полученной от близких, друзей и родственников.

7   49% людей _____ (to give preference to) информации профессиональных журналистов.

8   В её необходимости убеждены 58% граждан, указывающих _____ (oversaturation) наших СМИ насилием, пошлостью, дезинформацией и бескультурьем.

9   По мнению людей, цензура должна быть направлена _____ (against foolishness) и на повышение культуры, образования граждан.

10 Остальные же считают, что журналисты занимаются _____ (self-censorship).

Задание 8. Прочитайте мнения обычных людей и российских журналистов о современном телевидении. Определите их позиции. С кем вы согласны? При ответе используйте слова и выражения *кто? считает что?; кто? думает; кто? (не) согласен с кем?/ с чем? что? возмущает кого? кому? не нравится что? /* Read the opinions of Russian people and Russian journalists about modern television. Who do you agree with? In your answer, use words and phrases *кто? считает что?; кто? думает; кто?(не) согласен с кем?/с чем? что? возмущает кого? кому? не нравится что?*

Мнения обычных людей

Михаил: К сожалению, в настоящее время телевидение негативно влияет на людей. Почему-то очень мало хороших новостей. Добрых передач практически не осталось. Вы никогда не задумывались, почему столько негативной информации? Очень много программ о криминале, убийствах. И спросом у телезрителей пользуется чаще "жареная" информация.

Анна: Телевидение – это средство информации. Нельзя всё существующее в мире поделить на плохое и хорошее, на полезное и бесполезное. Всегда есть две стороны одной медали. Помните о борьбе и единстве двух противоположностей?

Мнения профессиональных журналистов

В. Познер, журналист, ведущий телевизионной программы "Познер": Современные центральные телеканалы идут по пути деградации, вещая политические шоу с отсутствующими понятиями чести и уважения, или ужасающими и аморальными бытовыми историями. К чему это приводит или приведёт, я не знаю, но уверен, что ни к чему хорошему.

Мария Костюкевич, журналист, редактор студии "Союзмультфильм": Современное российское телевидение практически не занимается воспитанием своей аудитории, её образованием, духовным развитием. Сегодня основная функция телевидения – развлекательная, причём уровень контента, как правило, очень низкий. Пожалуй, только канал "Культура" на протяжении многих лет поддерживает высокое качество своих программ. У канала удобный

и насыщенный сайт, и это очень важно: ведь всё больше и больше зрителей делают свой выбор в пользу интернет-вещания. Классическое телевидение, конечно, на долгие годы сохранится для старшего поколения, однако молодёжь активно перемещается в интернет-пространство.

Задание 9. *Ответьте на следующие вопросы, обсудите в группе. При рассуждении используйте слова, выражения, конструкции из приложений 5 и 6 в конце книги.* / **Answer the questions and discuss them in a group. In your answer, use the words and phrases from Appendices 5 and 6 at the end of the book.**

• Как вы считаете, нужна ли цензура в средствах массовой информации?

- Должна ли быть у журналистов самоцензура?
- Как вы считаете, умирает ли телевидение? Откуда вы чаще получаете информацию: из телевизионных программ или из Интернета?

Задание 10. Сравните Интернет и телевидение. Заполните таблицу, указав их плюсы и минусы. / Compare the Internet and television. Fill in the table, explaining the advantages and disadvantages of each.

Телевидение		Интернет	
+	–	+	–

Задание 11. Напишите эссе на тему "Вытеснит ли Интернет телевидение?". При работе над эссе используйте приложения 5 и 6 в конце книги. / Write an essay "Вытеснит ли Интернет телевидение?". Refer to Appendices 5 and 6 at the end of the book.

ЗАПОМНИТЬ!

а́вторская програ́мма	authorial TV show
аналити́ческая (программа, передача)	analytical programme
аудито́рия	audience
веща́ть (вещание)	broadcast
веду́щий	TV presenter
виктори́на	quiz
входи́ть / войти́ в спи́сок (в пятёрку)	to be on the list (among the top-five)
вытесня́ть / вы́теснить (что? кого?)	to replace, to push out
доверя́ть / дове́рить (кому? чему?)	to trust
зри́тель	audience, viewer
информацио́нная (программа, передача)	informational programme
музыка́льная (программа)	music programme
наси́лие	violence
одобре́ние	approval
отдава́ть / отда́ть предпочте́ние	to prefer, go for, give preference to
переда́ча	TV programme
подтвержда́ться / подтверди́ться (чем?)	to be approved
подтвержде́ние	approval, confirmation
програ́мма	programme
развлека́тельная (программа, передача)	entertaining

реа́лити-шо́у — reality-show

рекла́ма — advert

самоцензу́ра — self-censorship

сериа́л — soap opera, TV series

снижа́ться / сни́зиться — to drop down

спорти́вная (программа, передача) — sports

управля́ть (кем? чем?) — to manage

цензу́ра — censorship

эфи́р (прямо́й эфи́р) — broadcast (on air)

III Субкультуры

В уроке обсуждается такое явление культуры как субкультура, история развития субкультуры, современные тенденции, стили и направления.

- Ключевые слова: культура, субкультура, неформалы, молодёжь, самовыражение, мировоззрение, рок-музыка, СССР, протест, свобода, кинематограф.
- Глагольное управление, падежи. Выражение временных отношений в сложноподчинённом предложении.
- Устная презентация об одном из направлений субкультуры.

Урок 1

ПРЕДТЕКСТОВЫЕ ЗАДАНИЯ

Задание 1. Определите значения слов, сходных со словами английского языка. Обратите внимание на их грамматическое оформление в русском языке. Проверьте себя по словарю. / Determine the meaning of the following words which are similar to English. Pay attention to their Russian spelling. Check your work in the dictionary.

русский язык   *английский язык*

атрибут
байкер
битник
индивидуализм
киберпанк
культура
металлист
панк
пацифист

русский язык	*английский язык*
растаман	
рок	
термин	
техногенный	
эмо	
этнический	

Задание 2. **Прочитайте и постарайтесь понять данные ниже слова и словосочетания с помощью синонимов или толкования слов. / Read and try to understand the words and phrases given below with the help of synonyms or interpretation**.

облик = внешность;   приверженец = последователь, адепт;

имидж = образ;   среда = окружение.

Задание 3. **Определите значение однокоренных слов. Проверьте себя по словарю. / Determine the meaning of cognates. Check your work in the dictionary.** ⓘ

а) тесный, тесно, вытеснить, вытеснено;   в) цвет, расцвести, расцвет;

б) форма, формальный, неформальный, сформироваться;

Задание 4. **Определите от каких глаголов образованы следующие причастия. Определите вид причастий. / Determine from which verbs the following participles are formed. Determine the types of participles**.

(люди) причисляющие	представлять (что?)
(люди) представляющие	не проницать
(молодёжь) искавшая	причислять (что? к чему?)
появлявшиеся (битники)	возникнуть
возникший	пропагандировать
непроницаемые (очки)	появляться
сформировавшийся	насытить (что?)
пропагандирующий	сформироваться
насыщенный	искать (что?)

Задание 5. Объедините части слов в одно целое. Посмотрите значения слов в словаре. / Put the words together. Check their meaning in the dictionary. 🔑 ⓘ

воззрение   музыкально-

само   культура   познание

само   религиозно-

суб

молодёжный   →выражение

молодёжный   миро   рок-

музыка   молодёжный

Задание 6. Прочитайте текст. Придумайте название. / Read the text. Suggest a title.

Термин "культура" понимается как человеческая деятельность в самых различных проявлениях, во всех формах и способах самовыражения, самопознания. Культура определяет нормы, язык, поведение, ценности, религию, основываясь на национальных или этнических идеях.

Частью культуры является субкультура. Во времена СССР для обозначения молодёжных групп было принято жаргонное название "неформалы" (неформальные объединения молодёжи). Позднее оно было вытеснено термином "субкультура", которое ввёл в 1950 г. американский социолог Дэвид Рисмен.

Субкультура отличается собственной системой ценностей. Люди, причисляющие себя к той или иной группе, обычно отличаются особой манерой поведения, одеждой, языком, системой ценностей.

Субкультуры часто связаны с музыкой, с музыкальными жанрами. Среди первых музыкально-молодёжных групп чаще всего называют хиппи, представляющих движение поклонников рок-музыки, пацифистов, искавших духовного преобразования и возрождения. В одном ряду с хиппи называют появившихся на десятилетие раньше битников. Молодые люди этой группы носили чёрные свитера на манер водолазки, береты, девушки – чёрные длинные юбки, трико и колготки. Непременным атрибутом битника были тёмные непроницаемые очки. Интересно, что их внешний облик оказал влияние на формирование гардероба субкультуры готов, развитие которой достигло расцвета позднее, уже в середине 80-х годов.

Не только из имиджа, но многое из мировоззрения переходило из одних субкультур в другие. Так, например, на Ямайке возникло религиозно-музыкальное движение растаманов (или растафари), которое унаследовало идеи пацифизма, сопротивления насилию. А сформировавшееся вслед за новыми жанрами в рок-музыке 70–80-ых годов движение металлистов унаследовало стиль одежды байкеров, ещё одной неформальной группы.

Металлисты, как и представители другой субкультуры, панк, культивировали свободу, независимость и индивидуализм. Панки, однако, обладали более ярко выраженной политической позицией и были приверженцами социально направленных идеологий.

Самыми молодыми субкультурами являются сложившиеся в 90-ые и 2000-ые годы движения эмо, пропагандирующих яркие чувства и эмоции, а также – киберпанков, увлечённых идеями техногенного апокалипсиса. Как мы видим, из последнего примера, субкультура не возникает из ниоткуда. Как и любое культурное явление она связана с культурно насыщенной средой. Субкультуры не изолированы, а связаны и имеют сложные отношения друг с другом и массовой культурой. И эти связи позволяют проследить историю народов, изменения языка, взглядов, идей и развитие всего человечества.

 ПОСЛЕТЕКСТОВЫЕ ЗАДАНИЯ

Задание 7. Прочитайте предложения. Расположите их в соответствии с последовательностью изложения материала в тексте. / Read the sentences. Arrange them in the same order as they appear in the text.

1   Частью культуры является субкультура.
2   Субкультуры часто связаны с музыкой, с музыкальными жанрами.
3   Термин "культура" понимается как человеческая деятельность в самых различных проявлениях, во всех формах и способах человеческого самовыражения, самопознания.
4   Во времена СССР для обозначения молодёжных групп было принято жаргонное название "неформалы".
5   Субкультура отличается собственной системой ценностей.
6   Не только из имиджа, но многое из мировоззрения переходило из одних субкультур в другие.
7   Субкультуры не изолированы, а связаны и имеют сложные отношения друг с другом и массовой культурой.

Задание 8. Ответьте на вопросы. / Answer the questions.

1   Что такое культура?
2   Дайте определение субкультуры. Кто впервые предложил этот термин?
3   Какой термин, обозначающий субкультуру, существовал во времена СССР?
4   С чем обычно связаны субкультуры?
5   Как назывались первые молодёжные группы?
6   Какие группы появились в 70–80 гг. XX в.? В 90-ые и 2000-ые гг.?

Задание 9. Передайте основное содержание текста, используя следующие слова и выражения. / **Summarise the text using the following words and phrases**.

Термин, пониматься (как?), определять /определить (что?), принято название, отличаться (чем?), причислять (кого? к чему?), связан (с кем? с чем?), представлять (что?), культивировать (что?), приверженец (чего?), пропагандировать (что?), изолирован, возникать/возникнуть.

Урок 2

ПРЕДТЕКСТОВЫЕ ЗАДАНИЯ

Задание 1. Подберите слова-синонимы. В случае затруднения, смотрите значения слов в словаре. / **Match the synonyms. Refer to the dictionary if necessary.**

альтернативный   помогать / помочь (кому? чему?)

обретать / обрести свободу   другой

(по)способствовать (кому? чему?)   получать / получить свободу

персонаж   невозможно

немыслимо   герой

Задание 2. Прочитайте слова. Скажите, о чём этот текст? / **Look at the word cloud and try to guess what this text is about**.

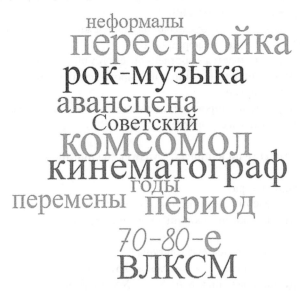

Задание 3. **Прочитайте текст. Придумайте название. / Read the text. Suggest a title**.

В советский период официально считалось, что молодёжь "включена" в общество с помощью официальных институтов, таких как вузы, школы, Всесоюзный ленинский коммунистический союз молодёжи (ВЛКСМ, или комсомол) или пионерская организация. Молодёжь должна была участвовать в строительстве коммунизма, а для этого её надо было воспитать в соответствующем духе. Однако в 70–80-е годы начала складываться новая, неофициальная молодёжная субкультура, которая стала важной частью альтернативной советской культуры.

Важнейшим изменением в жизни советского общества, произошедшим в эпоху перестройки, стала, безусловно, свобода. При этом советские люди, в том числе и молодёжь, обрели не только политическую свободу, но и свободу самовыражения, свободу человеческой самобытности, ограничение которой было обычной практикой в Советском Союзе. В 80-е годы молодёжный протест формировался в основном вокруг рок-культуры, которая не преследовалась, но и не поощрялась властями. Она находилась на полуподпольном положении и пользовалась огромной популярностью среди молодёжи. Речь идёт о таких музыкальных группах, как "Аквариум" (Борис Гребенщиков), "Алиса" (Константин Кинчев), "ДДТ" (Юрий Шевчук), "Зоопарк" (Майк Науменко), "Кино" (Виктор Цой), "Наутилус Помпилиус" (Вячеслав Бутусов), "Бригада С/Неприкасаемые" (Гарик Сукачев) и др.

В годы перестройки эти группы не просто выходят из подполья, но и занимают авансцену культурной жизни. Во многом этому способствовал кинематограф. Настоящим прорывом стали такие фильмы, как "Асса" режиссёра Сергея Соловьева (1987), где прозвучали песни группы "Аквариум", "Игла" режиссера Рашида Нугманова (1988), где снялся лидер группы "Кино" Виктор Цой, "Такси-блюз" режиссёра Павла Лунгина (1990), где главную роль сыграл лидер группы "Звуки Му" Пётр Мамонов.

Особое место занял культовый фильм "Асса". В нём не просто прозвучали песни Бориса Гребенщикова и группы "Аквариум", но и практически впервые на экране появились новые персонажи – неформалы. До начала перестройки представителей неофициальной молодёжной культуры было немыслимо показать на советском экране, да ещё в качестве положительных героев. Ещё более немыслимо было посвятить целый фильм трудностям и противоречиям этой культуры. Песни из этих фильмов, и в особенности песня Виктора Цоя, звучащая в финале "Ассы", стали без преувеличения девизом поколения восьмидесятых: "Перемен – требуют наши сердца… Мы ждём перемен!"

ПОСЛЕТЕКСТОВЫЕ ЗАДАНИЯ

Задание 4. Согласитесь или опровергните данные ниже утверждения. При ответе используйте выражения *автор считает, автор думает, он уверен, автор полагает, автор говорит.* **/ Agree or disagree with the following statements. In your answer, use the phrases** *автор считает, автор думает, он уверен, журналист полагает, он говорит.*

1   В советский период официально считалось, что молодёжь "включена" в общество с помощью официальных институтов.
2   Однако в 80–90-е годы начала складываться новая, неофициальная молодёжная субкультура.
3   Эта субкультура не смогла стать важной частью альтернативной советской культуры.
4   В 80-е годы молодёжный протест формировался в основном вокруг рок-культуры, которая не преследовалась, но и не поощрялась властями.
5   Рок-культура в советское время была свободна и открыта.
6   В годы перестройки эти группы не просто выходят из подполья, но и занимают авансцену культурной жизни.
7   Во многом этому способствовал кинематограф.
8   Особое место занял культовый фильм "Асса".

Задание 5. Вставьте в данные предложения необходимые глаголы в нужной форме, используя слова из текста. / Complete the sentences below by using the verbs from the text in the correct form. 🔑

1   Молодёжь должна была . . . в строительстве коммунизма.
2   Однако в 70–80-е годы . . . . . новая, неофициальная молодёжная субкультура.
3   Советские люди, в том числе и молодёжь, . . . свободу.
4   В годы перестройки эти группы . . . из подполья и . . . авансцену культурной жизни.
5   Во многом этому . . . кинематограф.

🔔 ГОТОВИМСЯ К ТЕСТУ И УСТНОМУ СООБЩЕНИЮ (ПРЕЗЕНТАЦИИ)

Задание 6. Разгадайте кроссворд. / Solve the crossword puzzle. 🔑

1   Человеческая деятельность во всех её проявлениях.
2   Часть культуры.
3   Чем были для молодёжи 80-ых гг. слова "Перемен – требуют наши сердца.... Мы ждём перемен!"?
4   Лидер группы "Кино".
5   Как в СССР называли представителей молодёжных групп?

6 Представитель одной из первых субкультур?
7 Фильм режиссёра Соловьёва о неформалах (1987 г.).
8 Культовая группа 80-х гг. в СССР (в России).
9 Группа, песни которой звучали в фильме "Асса".

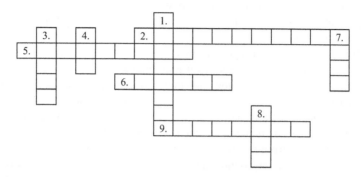

Задание 7. Переведите слова и выражения на английский/русский язык. При переводе глаголов на русский язык укажите оба вида. / Translate the words and word combinations into English/Russian. When translating the verbs into Russian, provide both verbal aspect forms.

	ценности
representative	
to determine	
to differ	
	мировоззрение
	прорыв
slogan	
to appear, to arise	
	культивировать (что?)
social group of young people, subculture	

Задание 8. Переведите слова, данные в скобках, на русский язык. Дополните предложения, используя эти слова в нужной форме. При необходимости используйте предлоги. / Translate the words given in brackets into Russian. Complete the sentences by using these words in the appropriate form. Use prepositions if necessary.

1 Термин "культура" _____ (to be known) как человеческая деятельность в самых различных проявлениях.
2 Культура определяет _____ (rules, language, behavior, values, religion).

3 Люди, которые _____ (to identify) себя
   к той или иной группе, обычно _____ (to differ)
   особой манерой поведения, одеждой, языком, системой ценностей.
4 Субкультуры часто _____ (to be associated) с
   музыкой, с музыкальными жанрами.
5 Движение металлистов _____ (to inherit) стиль
   одежды байкеров.
6 Представители этой субкультуры _____ (to cultivate) свободу, независимость и индивидуализм.
7 Как и любое культурное явление, субкультура связана с культурно
   насыщенной _____(environment).
8 Однако в 70–80-е годы_____ (to start developing)
   новая, неофициальная молодёжная субкультура.
9 В годы перестройки эти группы не просто выходят _____
   _____ (underground), но и _____ (to take, to
   occupy) авансцену культурной жизни.
10 В фильме "Асса" _____ (to sound) песни Бориса
   Гребенщикова.

**Задание 9. Прочитайте мнения участников форума "Вредит ли детям
принадлежность к какой-нибудь субкультуре". Определите их позиции.
С кем вы согласны? При ответе используйте слова и выражения *кто?
считает что?; кто? думает; кто? (не) согласен с кем?/с чем?* / Read the
views of forum participants who are discussing whether children are being
adversely affected by a particular sub-culture. Determine their positions.
Who do you agree with? In your answer, use the words and phrases *кто?
считает что? кто? думает; кто?(не) согласен с кем?/с чем?***

Елизавета: Стремление быть в составе группы, ощущать к ней свою принадлежность — это нормальная психологическая реакция в подростковом возрасте. Если не хотите, чтобы ребёнок был эмо-мальчиком или эмо-девочкой, отдайте его, например, в спортивную секцию, пусть он отождествляет себя со спортсменами. Мне эмо, к слову, тоже не нравится.

Кирилл: Каждый человек к чему-то стремится. Если стремлений нет, то это растение какое-то получается. Стремление начинается с самого детства. Частично, оно заложено родителями (талант к чему-то особенному), а частично

формируется теми же родителями в раннем детстве. Если этот момент формирования личности упустить, то ребёнка будет формировать улица, а отсюда уже и готы и эмо. И это, прямо скажем, не очень хорошо.

Елена: Не плохо и не хорошо. Они просто есть. Если ребёнок уже участник субкультуры, не стоит упорствовать, чтобы его оттуда вытащить. Мне кажется, что здесь главное наличие критического восприятия действительности и отсутствие фанатизма. Если у подростка сформированы принципы "что такое хорошо и что такое плохо", он, даже будучи участником субкультуры, будет действовать в соответствии с этими принципами.

Задание 10. Ответьте на следующие вопросы, обсудите в группе. При рассуждении используйте слова, выражения, конструкции из приложений 5 и 6 в конце книги. / Discuss the following questions in a group. In your answer, use the words and phrases from Appendices 5 and 6 at the end of the book.

• Какие неформальные группы вы знаете? Были ли вы участником какой-нибудь молодёжной группы?

• Представьте, что ваш друг неформал. Трудно ли общаться с таким другом?

• Если люди, с которыми вы общаетесь, входят в неформальную группу, причисляют себя к какой-либо молодёжной группе, влияет ли это на ваши отношения с ними?

Задание 11. Представьте, что ваш ребёнок входит в группу неформалов. Хорошо это или плохо? Запишите ваши ответы. / Imagine that your child has become involved in a particular sub-culture. Is it good or bad? Write down your answers.

Хорошо, потому что . . .	*Плохо, потому что . . .*
1.	*1.*
2.	*2.*
3.	*3.*
4.	*4.*
5.	*5.*

Задание 12. Подготовьте устную презентацию об одной субкультуре по выбору. Расскажите, когда и где появилась эта субкультура, какие её атрибуты (внешний вид, одежда), взгляды, предпочтения. / Prepare an oral presentation on a sub-culture of your choice. Explain when and where this sub-culture first appeared, as well as describe its attributes (appearance, clothing), attitudes and preferences.

🖐 *ЗАПОМНИТЬ!*

вводи́ть / ввести́ (что?)	to bring, to introduce
возника́ть / возни́кнуть	to appear
деви́з	slogan
культиви́ровать (что?)	to cultivate
мировоззре́ние	world view
определя́ть / определи́ть (что?)	to determine, to define the rules
определя́ть пра́вила	
отлича́ться / отличи́ться (чем? от кого? от чего?)	to differ
поведе́ние	behaviour
подпо́лье	underground
подростко́вый	teenage
понима́ть(ся) (как?)	to be understood
пресле́довать (кого? за что?)	to prosecute
принима́ть / приня́ть (что? кого?) (при́нято)	to accept
причисля́ть / причи́слить (кого? к чему? к кому?)	to identify with, to class oneself
звуча́ть / прозвуча́ть	to sound
проры́в	breakthrough
свя́зан (с кем? с чем?)	linked to
среда́ (*культурная среда*)	environment

IV ИСКУССТВО. ГРАФФИТИ

В уроке обсуждается современное направление уличного искусства граффити, его история и противоречивый характер.

- Ключевые слова: рисунок, арт-объект, граффити, художник, граффитчик, райтер, Бэнкси, вандализм, искусство, кодекс, реклама.
- Глаголы, действительные и страдательные причастия. Выражение пространственных отношений в сложноподчинённом предложении.
- Эссе "Граффити: искусство или вандализм?"

Урок 1

 ПРЕДТЕКСТОВЫЕ ЗАДАНИЯ

Задание 1. Определите значения слов, сходных со словами английского языка. Обратите внимание на их грамматическое оформление в русском языке. Проверьте себя по словарю. / Determine the meaning of the following words which are similar to English. Pay attention to their Russian spelling. Check your work in the dictionary. ℹ

русский язык　　　　　　　　*английский язык*
анонимность
арт-объект
брейк-данс
вандализм
галерея
граффити
декорация
кодекс
композиция
мемориальный

русский язык	*английский язык*
райтер	
фреска	
цензура	
хип-хоп	
хулиганство	

Задание 2. Прочитайте и постарайтесь понять данные ниже слова и словосочетания. / Read and try to understand the words and phrases given below with the help of: a) synonyms or interpretation, b) antonyms or interpretation.

а) с помощью синонимов или толкования слов:

изречение = глубокая мысль, выражение;   творить = создавать, делать;
изображение = рисунок, фотография и т.п.;   поклонник = любитель, фанат;
населённый пункт = город, деревня или посёлок

б) с помощью антонимов или толкования слов:

первобытный человек ≠ современный человек;   различны ≠ схожи;
давние времена ≠ новые, современные времена;   уродливый ≠ красивый.
провинциальный город ≠ столица, крупный город;

Задание 3. Определите значение однокоренных слов. Проверьте себя по словарю. / Determine the meaning of cognates. Check your work in the dictionary. ℹ️

а) писать, письмо, надпись, роспись, подпись;   в) творить, творчество;
б) выражение, самовыражение;   г) вина, обвинять

Задание 4. Определите, от каких глаголов образованы следующие причастия. Определите тип причастий. / Determine from which verbs the following participles are formed. Determine the types of participles.

заброшенное (строение)	создать (что? кого?)
(стихия) изменившая	посвятить (что? кому?)
(фестиваль) посвящённый	(не) являться (кем?)
(граффитчик) считающий	забросить (что? кого?)
(не) являющийся	отрицать (что?)
(кодекс) отрицающий	изменить (что? кого?)
созданная (фреска)	считать (что? кого? кем?)

Задание 5. Объедините слова, данные ниже, в словосочетания. Посмотрите значения слов в словаре. / Combine the words listed below to form collocations. Look up their meaning in the dictionary.

Задание 6. Прочитайте название текста. Как вы думаете, о чём данный текст? Прочитайте текст. / Read the title of the text. What is it about? Read the text.

Граффити: искусство или вандализм?

Слово "граффити" происходит от итальянского "царапать". Автора граффити называют райтером или граффитчиком. Это художник, который делает различные изображения и надписи на стенах домов, строительных заборах, заброшенных строениях. Смысл и способы изображения композиций, которые создаёт райтер, различны. Поэтому они воспринимаются по-разному: для одних граффити – это творчество, для других – хулиганство или вандализм.

Между тем, история граффити исчисляется тысячелетиями. Ещё первобытные люди рисовали в пещерах, изображая животных, окружающую природу. И сегодня эти рисунки позволяют современным учёным понять и узнать об особенностях жизни людей в давние времена. Фрески, созданные египтянами, политические изречения древних римлян и многие другие арт-объекты формируют историю существования граффити. Прошло много лет, прежде чем граффити стали стихией, изменившей внешний вид улиц городов XX века. Сегодня они привлекают внимание всё больше и больше людей.

Толчок в своём развитии граффити получили в Нью-Йорке 70–80 годов, став частью культуры хип-хопа, брейк-данса. Чуть раньше сложилась собственная традиция рисовать на домах в бедных районах Латинской Америки. В Россию граффити пришли в 1985 году, изначально появившись в качестве декораций фестивалей, посвящённых брейк-дансу. Сегодня граффити встречаются не только в столице и крупных городах, но и в маленьких провинциальных населённых пунктах. Иногда возникают даже музеи граффити. В Москве стена известного поэта и музыканта Виктора Цоя на Арбате стала своеобразной галереей рисунков и надписей поклонников.

Граффити – одно из самых свободных средств самовыражения. Нет запретов на то, что и как рисовать, писать. Можно рисовать всё кроме тех изображений, которые имеют хулиганский характер. Полная свобода

творчества, независимого от цензуры. Художник-граффитчик ведёт диалог с другими людьми, не боясь выразить важные, по его мнению, мысли. Ведь особенностью граффити является анонимность. Очень часто имя райтера остаётся неизвестным. Поэтому нередко люди, считающие себя граффитчиками, но на деле не являющиеся таковыми, делают уродливые рисунки и надписи в неподходящих местах, например, на домах, имеющих культурную ценность. Этим они вызывают возмущение у жителей городов, которые начинают обвинять всех граффитчиков в вандализме, хулиганстве.

Однако у настоящих художников-райтеров существует кодекс. Они не расписывают жилые дома и мемориальные стены, не делают рисунки и надписи на работах других граффитчиков. Тех, кто не выполняет эти правила, ждёт презрение. Способов самовыражения в современном мире множество! Если тебе хочется выразить своё собственное "я", но при этом у тебя не хватает художественных способностей, сегодня ты можешь прибегнуть к возможностям, которые дают Интернет, компьютерные технологии или социальные сети.

 ПОСЛЕТЕКСТОВЫЕ ЗАДАНИЯ

Задание 7. **Прочитайте предложения. Расположите их в соответствии с последовательностью изложения материала в тексте. / Read the sentences. Arrange them in the same order as they appear in the text.**

1   Автора граффити называют райтером.

2   Толчок в своём развитии граффити, став частью культуры хип-хопа, брейк-данса, получили в Нью-Йорке 70–80 годов.

3   Между тем, история граффити исчисляется тысячелетиями.

4   Слово "граффити" – от итальянского "царапать".

5   Поэтому нередко люди, считающие себя граффитчиками, но на деле не являющиеся таковыми, делают уродливые рисунки и надписи в неподходящих местах, например, на домах, имеющих культурную ценность.

6   Граффити – одно из самых свободных средств самовыражения.

7   Прошло много лет прежде, чем граффити стали стихией, изменившей внешний вид улиц городов XX века. Сегодня они привлекают внимание всё больше и больше людей.

8   Однако у настоящих художников-райтеров существует кодекс. Они не расписывают жилые дома и мемориальные стены, не делают рисунки и надписи на работах других граффитчиков.

Задание 8. **Ответьте на вопросы. / Answer the questions**.

1   Как называют художника, который делает изображения и надписи на стенах домов, строительных заборах, заброшенных строениях?

2   Как воспринимаются граффити?

3   Как давно существуют граффити? Какие арт-объекты можно назвать граффити?

4   Когда граффити получили толчок в своём развитии?

5   Есть ли правила и ограничения при создании граффити?

6   Почему некоторые люди считают граффити вандализмом?

Задание 9. **Передайте основное содержание текста, используя следующие слова и выражения. / Summarise the text using the following words and phrases**.

Название происходит (от чего?), (кого?) называют (кем?), делать надписи и рисунки (на чём?), восприниматься по-разному, история исчисляется, изображать (что?), получить толчок, традиция сложилась, в качестве (чего?), средство самовыражения, обвинять (кого? в чём?), отрицать (что?).

Урок 2

 *ПРЕДТЕКСТОВЫЕ ЗАДАНИЯ*

Задание 1. **Подберите синонимы к словам. В случае затруднения, смотрите значения слов в словаре. / Match the synonyms. Refer to the dictionary if necessary.** ⓘ

красться / прокрасться (куда?)

надувательство

уродовать / изуродовать (что? кого?)

барахло

скрываться / скрыться (от кого? от чего?)

урезывать / урезать (что?)

вещи (ненужные или старые)

портить / испортить (что? кого?)

прятаться / спрятаться (от кого? от чего?)

обман

сокращать / сократить (что?)

тайно проходить /пройти (куда?)

Задание 2. Используйте однокоренные слова, называя людей, которые . . . / **Using the cognates, name the people who . . .** 🔑

создают граффити –

делают рекламу –

совершают вандализм –

совершают хулиганство –

Задание 3. Прочитайте текст. Определите позицию автора. Как он относится к граффити? / **Read the text. What does the author think about graffiti?**

Бэнкси – один из ярчайших граффити-художников современности, который сохраняет свою личность в тайне, рассказывает в своей книге "Стена и мир":

Я сейчас буду говорить то, что думаю. Что бы ни говорили, граффити – не низший вид искусства. Может быть, тебе и приходится красться, как партизан, по ночам и врать маме, но, тем не менее, это один из самых честных видов искусства. В нём нет ни элитарности, ни надувательства. Картины выставляются на лучших стенах города, а цена за вход никого не отпугнёт.

Стена всегда была лучшим местом для презентации произведения. Люди, которые правят нашими городами, не понимают граффити. Они убеждены, что право на существование имеет лишь то, что приносит выгоду. Именно поэтому их мнение ничего не стоит.

Говорят, что граффити пугают людей и означают упадок общества. Но граффити опасны только в воображении трёх типов людей: политиков, рекламщиков и тех, кто рисует граффити.

Компании, заполнившие своей рекламой каждый свободный сантиметр городского пространства – вот кто по-настоящему уродует наши улицы. Они хотят, чтобы любой, кто не покупает их барахло, чувствовал себя неполноценным. Их слоганы назойливо лезут в глаза со всех сторон, а тебе даже нечем защититься, нечем ответить. Они сами развязали эту войну. И чтобы нанести ответный удар, стена – это лучшее оружие.

Кто-то идёт работать в полицию, чтобы сделать человечество лучше, а кто-то становится вандалом, чтобы избавить этот мир от уродства.

Когда мне было восемнадцать, я однажды провёл целую ночь, пытаясь написать на пассажирском поезде большими круглыми серебристыми буквами "ОПЯТЬ ОПОЗДАЛ". Появилась британская транспортная полиция, я побежал через колючие кусты. Моим товарищам удалось добраться до машины и скрыться, а мне пришлось больше часа прятаться под самосвалом. Я лежал, слушал, как меня ищут, и на меня капало машинное масло. Тогда-то я и понял, что мне придётся или вдвое урезать время, отведённое на рисование, или вообще всё бросить. Прямо надо мной ко дну топливного бака была прибита плита с надписью, сделанной по трафарету. Я долго думал и вдруг понял, что можно писать такими же буквами, только сделать их метровой высоты.

 ПОСЛЕТЕКСТОВЫЕ ЗАДАНИЯ

Задание 4. Согласитесь или опровергните данные ниже утверждения. При ответе используйте выражения *художник думает, автор считает, райтер уверен, он полагает.* **/ Agree or disagree with the following statements. In your answer, use the phrases** *художник думает, автор считает, райтер уверен, он полагает.*

1   Граффити – это низший вид искусства.
2   Граффити олицетворяют упадок общества и очень опасны.
3   По-настоящему уродуют наши улицы компании, создающие уличную рекламу.
4   Граффитчик – это человек, который хочет избавить мир от уродства.

Задание 5. Вставьте в данные предложения необходимые глаголы в нужной форме, используя слова из текста. / Complete the sentences by inserting verbs from the text in the correct grammatical form. 🗝

1   Цена за вход никого не . . . .
2   Их слоганы назойливо . . . в глаза со всех сторон.
3   Они убеждены, что право на существование имеет лишь то, что . . . выгоду.
4   Они сами . . . эту войну.
5   Стена – это лучшее оружие, чтобы . . . ответный удар.

🔔 *ГОТОВИМСЯ К ТЕСТУ И ЭССЕ*

Задание 6. Разгадайте кроссворд. / Solve the crossword puzzle. 🗝

1   Роспись стен домов, заброшенных строений.
2   Художник, рисующий на стенах.
3   Изречение, текст на поверхности чего-либо.
4   Рисунки, созданные египтянами.
5   Место, где впервые в России в качестве декораций стали появляться граффити.
6   Всемирная паутина.
7   Вандализм.
8   Всемирно известный художник-граффитчик.

Задание 7. Переведите слова и выражения на английский / русский язык. При переводе глаголов на русский язык укажите оба вида. / Translate the words and word combinations into English / Russian. When translating verbs into Russian, provide both verbal aspect forms. 🗝

	рисовать / нарисовать
dictum, aphorism	
	получать / получить толчок
	царапать / нацарапать
self-expression	
	изображать / изобразить
to accuse, blame	
to disfigure, deface walls	

Задание 8. Переведите слова, данные в скобках, на русский язык. Дополните предложения, используя эти слова в нужной форме. При необходимости используйте предлоги. / Translate the words given in

brackets into Russian. Complete the sentences by using these words in the appropriate form. Use prepositions if necessary.

1 История граффити _____ (to be around) с древних времён.

2 Граффитчик или райтер, делает не только _____ (inscriptions), но и _____ (drawings) на стенах домов, заброшенных строениях.

3 Для одних людей граффити – это _____ (art), для других – _____ (vandalism).

4 Некоторые люди считают, что райтер _____ (to deface) здания и улицы городов.

5 В России граффити появились на фестивалях в качестве _____ _____ (decorations).

6 Граффити – одно из самых свободных средств _____ (self-expression).

7 Особенностью граффити является _____ (anonymity).

8 Художник хочет_____ (to express) важные, по его мнению, мысли.

9 Люди, считающие себя граффитчиками, но на деле не являющиеся таковыми, делают _____ (ugly) рисунки и надписи_____ (in appropriate places).

10 Такие люди_____ (to cause resentment) у жителей городов, которые _____(to blame) всех граффитчиков в вандализме, хулиганстве.

Задание 9. Прочитайте мнения участников форума, обсуждающих граффити. Определите их позиции, отношение к граффити. С кем вы согласны? При ответе используйте слова и выражения *кто? считает что?; кто? думает; кто? (не) согласен с кем? / с чем?* / Read the views of forum participants who are discussing graffiti. What do they think about graffiti? Who do you agree with? In your answer, use the phrases *кто? считает что? кто? думает; кто? (не) согласен с кем? / с чем?*

Андрей: У меня есть друг, занявший второе место на всероссийских соревнованиях райтеров в Мурманске. Он в основном рисует лица детей на стенах. Очень красиво. Его картины не замазывают даже в центре города. Однажды он нарисовал что-то на стене одной фирмы. Так его потом нашли и взяли туда художником-дизайнером.

Олег: Большинство райтеров – нули в искусстве, могут писать на заборе только глупости. Рисуют на стенах в основном школьники, а не мастера. Поэтому если не будет граффити, то станет лучше.

Задание 10. Ответьте на следующие вопросы, обсудите в группе. При рассуждении используйте слова, выражения, конструкции из приложений 5 и 6. / Discuss the following questions in a group. In your answer, use the words and phrases from Appendices 5 and 6.

- Каких известных граффитчиков вы знаете?
- В своём рассказе Бэнкси использует слово "барахло" вместо слова "продукция". Как вы думаете почему?
- Книга Бэнкси называется "Стена и мир". Как вы думаете, почему он дал такое название?
- Нравятся ли вам граффити? Почему?
- Как вы думаете, есть ли сходство между Интернетом и граффити?

Задание 11. Заполните таблицу, указав положительные и отрицательные стороны граффити. / Fill in the table, explaining the advantages and disadvantages of graffiti.

+	–

Задание 12. Напишите эссе на тему "Граффити: искусство или вандализм?". При работе над эссе используйте приложения 5 и 6 в конце книги. / Write an essay "Граффити: искусство или вандализм?" Refer to Appendices 5 and 6 at the end of the book.

 *ЗАПОМНИТЬ!*

воспринима́ться (кем?)	to be perceived
вызыва́ть / вы́звать возмуще́ние	to cause resentment, anger
де́лать на́дпись (на чём?)	to make an inscription
изобража́ть / изобрази́ть (что? кого?)	to portray
исчисля́ться *исто́рия исчисля́ется века́ми*	to be around for centuries
наноси́ть / нанести́ уда́р	to hit, to make an attack
обвиня́ть / обвини́ть (кого? в чём?)	to blame

отпу́гивать / отпугну́ть (кого? от чего?)	to scare, to put off
получа́ть / получи́ть толчо́к	to get a boost
привлека́ть / привле́чь внима́ние (кого?)	to attract attention
приноси́ть / принести́ вы́году	to bring benefits
развя́зывать / развяза́ть войну́	to launch, to start a war
рисова́ть / нарисова́ть (что? на чём?)	to draw
самовыраже́ние	self-expression
уро́довать / изуро́довать (что? чем?)	to deface
формирова́ть / сформирова́ть (что?)	to form
цара́пать / нацара́пать (что? на чём?)	to scratch

V Судьба – это характер

В уроке обсуждается характер человека.

- Ключевые слова: обладать, целеустремлённый, выносливый, упорный, настойчивый, смелый, ответственный, требовательный, амбициозный; воплощать, вызывать чувства, удаваться.
- Образование существительных на – ость. Краткие прилагательные. Выражение уступительных отношений в сложноподчинённом предложении.
- Устная презентация об известном изобретателе, путешественнике или предпринимателе.

Урок 1

ПРЕДТЕКСТОВЫЕ ЗАДАНИЯ

Задание 1. Образуйте существительные, которые обозначают качества характера, от следующих прилагательных. / **From the following adjectives, form nouns denoting character traits.**

требовательный   преданный   общительный

выносливый   амбициозный

ответственный   настойчивый   целеустремлённый

смелый   справедливый

+ ОСТЬ

Задание 2. Образуйте краткую форму прилагательных из задания 1, использующуюся для описания характера человека. Запишите их. / **Form the short form of adjectives given in exercise 1, which are used to describe one's character traits. Write them down.** 🔑

смелый – смел, смела, смелы

требовательный -

преданный -

справедливый -

настойчивый

амбициозный -

целеустремлённый -

выносливый -

ответственный -

общительный -

Задание 3. Прочитайте и постарайтесь понять данные ниже слова и словосочетания с помощью синонимов или толкования слов. / **Read and try to understand the words and phrases given below using synonyms or word interpretation.**

преуспевающий = очень успешный;

общественный деятель = активист;

предприниматель = бизнесмен;

благотворительность = филантропия;

обладать (чем?) = иметь;

удаваться что-то делать = завершать, выполнять, что хотел сделать;

Задание 4. Прочитайте мини-тексты. Подчеркните в каждом мини-тексте 1 или 2 ключевых слова или выражения, которые характеризуют (описывают) героя. / Что объединяет этих людей? **Read the mini-texts. In each mini-text, underline 1–2 keywords which describe the person's character. What do these people have in common?**

Чулпан Хаматова. В детстве Чулпан увлекалась фигурным катанием, любила математику. Ей даже предрекали карьеру гениального экономиста. Хотя родители были далеки от актёрской профессии, у Чулпан была мечта – поступить в театральный институт. И она воплотила свою мечту в реальность. Сегодня Чулпан Хаматова – знаменитая актриса театра "Современник" и общественный деятель. Всё свободное время она посвящает благотворительности. Она не признаёт равнодушия. Своим делом жизни Чулпан Хаматова считает фонд "Подари жизнь", созданный с целью помощи больным детям.

Давид Ян – российский предприниматель. Давид родился в семье физиков. Отец Давида Яна – китаец, мать – армянка. Своей родиной Давид считает Россию и Армению. Учась в университете, он и не предполагал, что займётся предпринимательством. Однажды на экзамене по французскому языку к нему пришла идея создать универсальный переводчик. Спустя некоторое время появилась известная всему миру

компания ABBYY Software House и её продукт электронный словарь Lingvo, которым пользуются не только в России, но и во всём мире. Для реализации своих планов Давид работает по восемьдесят часов в неделю. Он считает, что если работа приносит кому-то пользу, то ради этого стоит работать!

Давид утверждает, что работа в команде – очень важный фактор успеха. Хорошее образование, упорство, требовательность к себе и дотошность – эти качества помогли ему достичь своей цели.

Ирина Роднина – легенда российского спорта. Известная российская фигуристка в детстве была весёлым и общительным ребёнком, но часто болела. Родители решили отдать её в секцию по фигурному катанию. С её одарённостью и упорством она достигла больших успехов в спорте. Отличительной чертой трёхкратной олимпийской чемпионки и десятикратной чемпионки мира была воля к победе и настойчивость. В своей жизни она не проиграла ни одного соревнования, несмотря на трудности, с которыми ей приходилось сталкиваться на своём пути.

Сейчас Ирина – успешный политик, но по-прежнему предана своему делу. Она до сих пор тренирует молодых спортсменов.

Юрий Кнорозов – историк, этнограф, основатель советской школы майянистики. Ему удалось впервые побывать на родине индейцев майя лишь в 1990 г. в возрасте 68 лет. В то время он уже был учёным с мировым именем, который расшифровал письменность этого загадочного народа.

В детстве Юрий учился в обычной школе. Ему хорошо давались как гуманитарные, так и естественные науки. Но заниматься он захотел историей.

Наука настолько увлекала Юрия, что во время учёбы в институте все деньги он тратил на книги, жил в спартанских условиях и занимался, по его словам, даже вися на подножке переполненного трамвая. Будучи студентом, Кнорозов увлёкся майянистикой. Считалось, что расшифровать письменность майя невозможно. Но молодой учёный посчитал это вызовом и занялся разгадкой загадочной письменности. Однажды, сидя в тесной комнатке в Музее этнографии народов СССР, Юрий совершил грандиозное открытие: разгадал древнее письмо майя. Ему удалось

узнать то, до чего так долго никто не мог додуматься.

Фёдор Конюхов. Если говорить о великих путешественниках современности, то нельзя не сказать об уникальном таланте Фёдора Филипповича Конюхова покорять то, что, на первый взгляд, покорить невозможно. Сегодня Конюхов – первый из лучших путешественников планеты. Он обладает необычайной выносливостью и стойкостью. Фёдор Конюхов совершил пять кругосветных путешествий, 17 раз переплывал на яхте Атлантику, побывал на Эвересте, в одиночку на Южном и Северном полюсах, совершил полёт на воздушном шаре.

ПОСЛЕТЕКСТОВЫЕ ЗАДАНИЯ

Задание 5. **Составьте словосочетания со следующими прилагательными и существительными. Придумайте предложения с этими словосочетаниями. / Match the following adjectives and nouns. Compose sentences with the collocations you have made.**

преуспевающий   деятельность   предприниматель
    благотворительная   политик
        успешный   грандиозное
упорный   открытие   чемпионка   трёхкратная   характер

Задание 6. **Расскажите о характере людей, описанных в задании 4. Запишите все прилагательные, которые вы использовали. При описании вы можете использовать конструкции *отличаться чем? обладать каким характером, он + крат. ф. прилагательного* / Describe the character traits of the people described in exercise 4. Write down all the adjectives you have used. In your description, you can use the following phrases *отличаться чем? обладать каким характером, он + крат.ф. прилагательного.***

Задание 7. **Вставьте в данные предложения необходимые глаголы в нужной форме, используя слова из текста. / Complete the sentences by inserting verbs from the text in the correct grammatical form.**

1   В школе ему хорошо . . . точные науки.
2   Он сумел . . . свои идеи в жизнь и . . . своей цели.
3   Он не думал, что . . . предпринимательством.
4   В своей жизни она не . . . ни одного соревнования.
5   Юрию Кнорозову . . . расшифровать письменность майя.
6   Она . . . выносливостью.
7   Человек всегда стремился . . . природу.
8   Вы хотите . . . полёт на воздушном шаре?

Задание 8. **Измените предложения, используя союз *хотя*. / Rephrase the sentences, using the conjunction *хотя*.**

Образец: Несмотря на слабое здоровье, она смогла достичь больших успехов в спорте. → **Хотя у неё было слабое здоровье, она смогла достичь больших успехов в спорте.**

1   Несмотря на протесты родителей, Чулпан поступила в театральный институт.
2   Несмотря на любовь к математике, она стала актрисой.
3   Несмотря на проблемы во время соревнований, Ирина Роднина сумела победить.
4   Несмотря на тяжёлое материальное положение, Юрий продолжал учиться.
5   Несмотря на то, что разгадать письменность майя считалось невозможным, Кнорозову удалось это сделать.
6   Несмотря на то, что Давид Ян работает по восемьдесят часов в неделю, он находит время на семью.

Задание 9. Ответьте на следующие вопросы, обсудите в группе. / Discuss the following questions in a group.

• Каких известных современников (путешественников, изобретателей, экстремалов, предпринимателей) вы знаете?
• Хотели бы вы быть похожими на них? Почему?
• Как вы понимаете выражение "Судьба – это характер"? Согласны ли вы с этим утверждением? Да / нет? Почему?
• Какие черты характера вы бы хотели воспитать у себя?

Урок 2

Задание 1. Познакомьтесь с результатами социологического опроса россиян, проведённого ВЦИОМ. / Look at the results of the sociological survey of Russians conducted by VTSIOM.

А) Прочитайте текст. Обратите внимание, какие выражения используются при анализе таблицы. / Подчеркните их. Read the text. Note the expressions which are used when analysing the results. Underline them.

Б) Посмотрите на таблицу. Прочитайте вопросы и варианты ответов. Переведите их. / Look at the table. Read the questions and answers. Translate them into English.

МОСКВА, 9 августа 2018 г. Всероссийский центр изучения общественного мнения (ВЦИОМ) опубликовал данные исследования, посвящённого Чемпионату мира по футболу-2018, который прошёл в России с 14 июня по 15 июля 2018 года.

Приезд иностранных болельщиков в Россию вызвал большой интерес наших сограждан. Так 72% говорят, что смотрели видео о них по телевидению и в Интернете. Ещё 21% видели гостей мундиаля на улицах, но просто проходили мимо. А вот каждый десятый (10%) опрошенный общался с иностранными болельщиками.

Россияне полагают, что приезд в нашу страну иностранцам запомнился в позитивном ключе. Опрошенные считают, что болельщики других стран почувствовали к России, в первую очередь, уважение (34%), восхищение и симпатию (по 32%). Безусловно, наша страна интересна для иностранцев, считают 30% респондентов. Ещё четверть (25%) сограждан предполагают, что зарубежные гости прониклись доверием. Иностранцы, в свою очередь, вызвали у россиян симпатию (34%), интерес (33%) и уважение (32%). Об антипатии, страхе и недоверии к туристам сказали по 1% респондентов.

Вопрос: Как вы думаете, какие чувства вызвала Россия у иностранцев, посетивших матчи Чемпионата мира в июле 2018 года? / What did foreigners who attended games at this year's World Cup in Russia think about Russia?

уважение	34
восхищение	32
симпатию	32
интерес	30
доверие	25
одобрение	24
любовь	13
надежду	5
зависть	4
безразличие	2
страх	1
недоверие	1
осуждение	1
скепсис	1
разочарование	1
ненависть	0
антипатию	0
затрудняюсь ответить	7

Вопрос: Какие чувства вызвали иностранные болельщики у россиян, приехавшие на Чемпионат мира в Россию, вне зависимости от того, общались ли они с ними лично или нет? / What did Russian people think about the foreign fans who came to the World Cup in Russia, regardless of whether they spoke to them personally?

симпатию	34
интерес	33
уважение	32
одобрение	23
доверие	17
восхищение	14
безразличие	11
надежду	6
любовь	4
зависть	2
страх	1
недоверие	1
антипатию	1
скепсис	1
разочарование	1
осуждение	0
ненависть	0
затрудняюсь ответить	8

Задание 2. **Распределите существительные из задания 1 по группам: положительные и отрицательные черты. / Divide the nouns given in the table in Exercise 1 into two groups, i.e. positive and negative traits**.

+	−

Задание 3. **Расскажите о результатах опроса, проведённого ВЦИОМ. Используйте следующие слова и выражения. / Summarise the results of the survey using the following phrases**.

(О)публиковать данные; вызывать / вызвать интерес (доверие, симпатию, страх) (у кого?); (по)чувствовать уважение (симпатию, интерес, антипатию, недоверие) (к кому? чему?); считать (что?).

🔔 *ГОТОВИМСЯ К ТЕСТУ И УСТНОМУ СООБЩЕНИЮ (ПРЕЗЕНТАЦИИ)*

Задание 4. **Разгадайте кроссворд. / Solve the crossword puzzle.** 🗝

1   По мнению Давида Яна, необходимые качества – хорошее образование, упорство, . . . (?) к себе.

2   Любовь ≠ . . . (?)
3   Безучастное, лишённое интереса, пассивное отношение.
4   Почтительное отношение к кому-л., чему-л.
5   Филантропия.
6   Одно из качеств Фёдора Конюхова.
7   Отсутствие доверия.
8   Любовь к деталям, въедливость, обстоятельность.

Задание 5. Переведите слова и выражения на английский / русский язык. При переводе глаголов на русский язык укажите оба вида. / Translate the words and word combinations into English / Russian. When translating verbs into Russian, provide both verbal aspect forms. 🗝

	предприниматель
persistent	
	обладать (чем?)
to achieve one's goal	
to undertake	
	преуспевающий
responsible	
	воплощать / воплотить (идеи, мечту)
	целеустремлённый
sociable	

Задание 6. Переведите слова, данные в скобках, на русский язык. Дополните предложения, используя эти слова в нужной форме. При необходимости используйте предлоги. / Translate the words given in brackets into Russian. Complete the sentences by using these words in the appropriate form. Use prepositions if necessary. 🔑

1   Чулпан Хаматова занимается _____ _____ (charity).

2   Давид Ян _____ (to state), что _____ _____ (team work) очень важный фактор успеха.

3   Эти умения помогли ему_____ (to succeed, to achieve his goal).

4   В детстве он был умным, практичным и _____ (ambitious).

5   Кнорозов _____ (to make a discovery), разгадав письменность майя.

6   Фёдор   Конюхов _____ (to   undertake)   пять _____(round-the-world trip).

7   Фёдор Конюхов _____ (to fly) вокруг Земли на воздушном шаре за 11 дней.

8   Приезд иностранных болельщиков в Россию _____ _____ (to excite interest) у россиян.

Задание 7. Найдите в Интернете статью об известном изобретателе, путешественнике или предпринимателе. Подготовьте презентацию об этом человеке по плану: 1) почему он известен, 2) опишите характер этого человека, 3) выразите своё отношение к нему. / Find an article online about a famous inventor, traveller or well-known entrepreneur. Prepare a short oral presentation about this person: 1) tell us why they succeeded, 2) describe their character, 3) express your opinion of them. 📖

👆*ЗАПОМНИТЬ!*

амбицио́зный	ambitious
антипа́тия	dislike
безразли́чие	indifference
благотвори́тельность	charity
воплоща́ть / воплоти́ть *мечту, идеи*	to achieve, to succeed
восхище́ние	admiration
вызыва́ть / вы́звать *чувства, интерес*	to excite interest
выно́сливый	resilient
грандио́зный	grand, monumental
дове́рие	trust
достига́ть / дости́гнуть (чего?)	to achieve one's goal, to succeed
дото́шный	meticulous

кругосве́тное путеше́ствие	round-the-world trip
недове́рие	distrust
облада́ть (чем?)	to possess, to have
общи́тельный	sociable
осужде́ние	disapproval
отве́тственный	responsible
отличи́тельный	distinctive
покоря́ть / покори́ть (что? кого?)	to conquer
пре́данный	loyal
предпринима́тель	entrepreneur
преуспева́ющий	prosperous
симпа́тия	appeal, liking
страх	fear
соверша́ть / соверши́ть (что?)	to undertake
тре́бовательный	demanding
утвержда́ть / утверди́ть (что? кого?)	to state
уваже́ние	respect
удава́ться / уда́ться	to succeed, to turn out well
упо́рство	perseverance
хотя́	despite
целеустремлённый	determined

VI Интернет

В уроке обсуждается глобальная компьютерная Сеть, положительные и отрицательные стороны Интернета.

- <u>Ключевые слова:</u> Интернет, глобальная Сеть, Всемирная паутина, онлайн, браузер, социальная сеть, зависимость, угроза, преимущества.
- Причастия. Выражение определительных отношений в сложноподчинённом предложении.
- Эссе "Можно ли жить без Интернета?"

Урок 1

ПРЕДТЕКСТОВЫЕ ЗАДАНИЯ

<u>Задание 1.</u> Определите значения слов, сходных со словами английского языка. Обратите внимание на их грамматическое оформление в русском языке. Проверьте себя по словарю. / Determine the meaning of the following words which are similar to English. Pay attention to their Russian spelling. Check your work in the dictionary.

русский язык　　　　　　　　*английский язык*
браузер
видеоролик
гифки
Интернет
интернет-пиратство
интернет-ресурс
онлайн, режим онлайн

русский язык	*английский язык*
профессиональный	
публиковаться	
сайт	
смайлик	
смартфон	

Задание 2. Прочитайте и постарайтесь понять данные ниже слова и словосочетания. / Read and try to understand the words and phrases given below with the help of: a) synonyms or interpretation, b) antonyms or interpretation.

а) с помощью синонимов или толкования слов:

возникать / возникнуть = появляться / появиться;

облегчать / облегчить = (с)делать легче;

(последние) известия = (последние) новости;

земной шар = планета Земля;

всемирная паутина = Интернет;

держать в голове = помнить

б) с помощью антонимов или толкования слов:

утренний выпуск газеты ≠ вечерний выпуск газеты;

свежий выпуск газеты ≠ старый выпуск газеты;

скрытый ≠ открытый, явный;

польза ≠ вред

Задание 3. Определите значение однокоренных слов. Проверьте себя по словарю. / Determine the meaning of cognates. Check your work in the dictionary. ⓘ

а) день, дневной, повседневный;

б) ждать, ожидать, ожидание;

в) далеко, даль, отдалённый;

г) платить, заплатить, плата;

д) смотреть, посмотреть, просмотреть, просмотр

Задание 4. Определите, от каких глаголов образованы следующие причастия. Определите тип причастий. / Determine from which verbs the following participles are formed. Determine the types of participles.

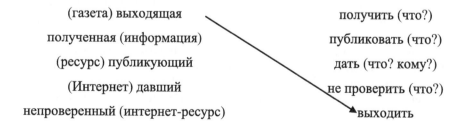

(газета) выходящая	получить (что?)
полученная (информация)	публиковать (что?)
(ресурс) публикующий	дать (что? кому?)
(Интернет) давший	не проверить (что?)
непроверенный (интернет-ресурс)	выходить

Задание 5. **Объедините слова, данные ниже, в словосочетания. Посмотрите значения слов в словаре. / Combine the words to form collocations. Look up their meaning in the dictionary.**

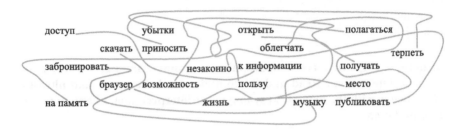

доступ убытки открыть полагаться

скачать приносить облегчать   терпеть

забронировать незаконно к информации получать

браузер возможность пользу   место

на память   жизнь музыку публиковать

Задание 6. **Прочитайте текст. Придумайте название. / Read the text. Suggest a title.**

Интернет возник в нашей жизни не так давно, но быстро стал популярным. Сегодня это технология, которая используется почти половиной земного шара. Интернет прочно вошёл в различные сферы нашей повседневной жизни и профессиональной деятельности. Почему так произошло?

С появлением всемирной паутины поиск информации стал проходить гораздо быстрее. Если раньше мы ждали свежих новостей из утренних выпусков газет, выходящих раз в день, или сидели у телевизора в ожидании последних известий, то сегодня доступ к информации намного проще и быстрее. Нам достаточно включить компьютер или достать смартфон и, открыв браузер, прочитать новости не только нашего района или страны, в которой мы живём, но и при желании узнать, что произошло в самых отдалённых уголках нашей планеты.

Сегодня совсем не обязательно тратить время на поиски нужной нам книги в библиотеке. Имея компьютер или телефон с доступом к Интернету, мы получаем возможность посетить лучшие электронные библиотеки мира, которые находятся на другом конце света.

Более того, информация публикуется не только в текстовом виде! В Интернете есть доступ к различным видеороликам, изображениям, фотографиям. Мы можем посмотреть любимые фильмы онлайн, послушать или скачать музыку известных исполнителей. Нет необходимости спешить покупать билеты на фильм в кинотеатр, когда есть специализированный сайт, готовый предоставить вам просмотр новинки в режиме онлайн за не очень большую плату. А если вы решили всё-таки пойти посмотреть фильм на большом экране, то можете забронировать места на сайте кинотеатра, сэкономив своё время.

Итак, Интернет, несомненно, облегчает нам жизнь. Но только ли пользу он приносит? На первый взгляд, кажется, да. Однако это не совсем так.

Привыкая быстро находить нужную информацию, люди начинают реже полагаться на свою память. Зачем много держать в голове, если поисковая система в любой момент приходит тебе на помощь? Тем не менее, мы не всегда можем быть уверены в достоверности информации, полученной от непроверенного интернет-ресурса. И даже на самых известных сайтах встречаются ошибки!

Зачастую страдают и наши дружеские отношения. Общение с друзьями нередко превращается в простую переписку в социальных сетях. Мы начинаем выражать свои эмоции или настроение смайликами, комментировать что-то, используя гифки. И забываем о настоящих чувствах, радости при встрече с друзьями и родными наяву.

Кроме того, процветает интернет-пиратство. Во Всемирной паутине часто встречаются ресурсы, незаконно публикующие в открытом доступе игры, музыку или фильмы, не имея на это право. Музыканты, создатели фильмов и игр терпят при этом огромные убытки.

Несомненно, Интернет является одним из выдающихся открытий. Он дал толчок для развития всего человечества. Однако не стоит забывать о том, что электронные технологии несут не только положительные изменения, они одновременно представляют и угрозу. Но если помнишь об этом, используешь их с умом, уважая себя и других людей, Интернет можно сделать полезным помощником.

 ## *ПОСЛЕТЕКСТОВЫЕ ЗАДАНИЯ*

Задание 7. Прочитайте предложения. Расположите их в соответствии с последовательностью изложения материала в тексте. / Read the sentences. Arrange them in the same order as they appear in the text.

1 Электронные технологии несут не только положительные изменения, они одновременно представляют и угрозу.
2 Интернет возник в нашей жизни не так давно, но быстро стал популярным.
3 Имея компьютер или телефон с доступом к Интернету, мы получаем возможность посетить лучшие библиотеки мира, которые находятся на другом конце света.
4 С появлением Всемирной паутины поиск информации стал проходить гораздо быстрее.

5　Привыкая быстро находить нужную информацию, люди начинают реже полагаться на свою память.

6　Но только ли пользу приносит Интернет? На первый взгляд, кажется, да. Однако это не совсем так.

7　Зачастую страдают и наши дружеские отношения.

8　Мы не всегда можем быть уверены в достоверности информации, полученной от непроверенного интернет-ресурса.

Задание 8. Ответьте на следующие вопросы. / Answer the following questions.

1　Когда Интернет вошёл в нашу жизнь? Сколько человек пользуется сегодня Интернетом?

2　Почему Интернет стал быстро популярным?

3　Что можно делать в Интернете?

4　Почему Интернет может быть опасным?

5　Всегда ли информация, которую мы находим в Интернете, достоверная?

6　Как меняются из-за Интернета отношения с друзьями?

Задание 9. Передайте основное содержание текста, используя следующие слова и выражения. / Summarise the text using the following words and phrases.

Возникать / возникнуть; прочно войти (куда?); повседневная жизнь; всемирная паутина; доступ к информации (к Интернету); открывать / открыть браузер; скачать музыку; полагаться / положиться на память; сайт; достоверность информации; смайлик; гифки; выражать/выразить (что?); интернет-пиратство; (о)публиковать в отрытом доступе; терпеть убытки; давать / дать толчок.

Урок 2

📖 *ПРЕДТЕКСТОВЫЕ ЗАДАНИЯ*

Задание 1. Подберите пары слов / выражений из колонок. В случае затруднения, смотрите значения слов в словаре. / Match the synonyms in two columns. Refer to the dictionary if necessary. ⓘ

никуда не деться	веселиться / повеселиться (как?)
иметь доступ (к чему?)	ничего нельзя изменить
развлекаться / развлечься (как?)	иметь возможность пользоваться
пребывать в Сети	определять / определить (отношение)
расцениваться (как?)	находится в Интернете
ограждать / оградить (кого? от чего?)	защищать / защитить (кого? от чего?)

Задание 2. Образуйте от данных ниже прилагательных однокоренные существительные. Запишите их. Придумайте предложения. / Form the nouns from the adjectives below. Write them down. Compose sentences with these nouns.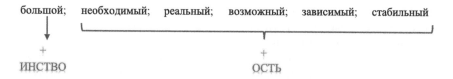

большой; необходимый; реальный; возможный; зависимый; стабильный

| + | | + |
| ИНСТВО | | ОСТЬ |

Задание 3. Прочитайте текст. Определите позицию автора. / Read the text. Determine the author's position.

Польза и вред Всемирной паутины

Большинство людей в современном мире не могут представить своё существование без Интернета. В нашу жизнь он вошёл прочно и стал не просто развлечением, а необходимостью, реальностью, от которой уже никуда не деться.

Если верить данным статистики, сегодня Интернетом пользуется более 4 миллиардов человек. Значит, больше половины населения Земли имеет доступ к всемирной паутине.

Большинство людей соглашается с утверждением, что Интернет – достижение человечества. Это источник информации, который помогает получать необходимые сведения и решать сложные задачи. Здесь можно развлечься или с пользой провести время, просматривая передачи, получая новые знания, осваивая иностранные языки.

Интернет стирает границы между странами и даже континентами. Люди без труда могут общаться, находясь друг от друга на расстоянии тысяч километров. Перед нами открывается возможность отыскать новых друзей, а иногда и любовь.

С помощью Интернета некоторым людям удаётся получить новую профессию или устроиться на хорошую работу. За последние несколько лет появилось очень много специальностей, связанных с электронными технологиями. Интернет может изменить нашу жизнь или стать стабильным источником доходов. Польза от Всемирной сети огромна. Однако есть и вред.

Научно доказано, что около 10% пользователей Интернета зависимы от него. Треть из них приравнивает Интернет по значимости к таким жизненно важным вещам как дом, еда и вода. В Китае, Тайване и Южной Корее интернет-зависимость расценивается как проблема национального масштаба.

Кроме того, слишком долгое пребывание за монитором сказывается не лучшим образом на зрении, а нахождение в течение длительного времени в неправильных позах пагубно влияет на опорно-двигательный аппарат. Постоянное пребывание в сети приводит к тому, что люди мало двигаются, редко бывают на свежем воздухе. Это может стать причиной не только заболевания позвоночника и ухудшения зрения, но также и ожирения, бессонницы, привести к другим проблемам со здоровьем.

К недостаткам Интернета можно отнести также и наличие в нём информации, способной навредить психике. С помощью Сети мошенники могут узнать личные данные человека и использовать их в своих целях.

Нередко Всемирная паутина становится распространителем вирусов, способных навредить компьютерной системе. Поэтому чтобы оградить себя от неприятных последствий и негативной информации, следует устанавливать фильтры, специальные защитные программы. Используя Интернет, необходимо хорошо понимать и чётко оценивать как положительные, так и отрицательные его стороны.

 ## ПОСЛЕТЕКСТОВЫЕ ЗАДАНИЯ

Задание 4. Согласитесь или опровергните данные ниже утверждения. При ответе используйте выражения *автор считает, автор думает, он уверен, автор полагает, автор убеждён*. / **Agree or disagree with the statements below. In your answer, use the phrases** *автор считает, автор думает, он уверен, автор полагает, автор убеждён*.

1 Интернет вошёл в нашу жизнь прочно и стал не просто развлечением, а необходимостью, реальностью, от которой уже никуда не деться.
2 Доступ к всемирной паутине сегодня имеет не так много людей.
3 Польза от Всемирной сети огромна.
4 От Интернета нет никакого вреда.
5 Необходимо хорошо понимать и чётко оценивать как положительные, так и отрицательные стороны использования Интернета.

Задание 5. Вставьте в данные предложения необходимые глаголы в нужной форме, используя слова из текста. / Complete the sentences by inserting verbs from the text in the correct grammatical form.

1 Интернет – это реальность, от которой уже никуда . . . .
2 Интернетом . . . более 4 миллиардов человек.
3 Большинство людей . . . с утверждением, что Интернет – достижение человечества.
4 Интернет . . . границы между странами и даже континентами.
5 С помощью Интернета некоторым людям . . . получить новую профессию.

6 Постоянное пребывание в Сети . . . к тому, что люди мало двигаются.

7 В Интернете есть информация, способная . . . психике.

🔔 *ГОТОВИМСЯ К ТЕСТУ И ЭССЕ*

Задание 6. Разгадайте кроссворд. / Solve the crossword puzzle. 🔑

1 Всемирная паутина.

2 Что может ухудшиться при работе за компьютером?

3 Отсутствие сна.

4 Что необходимо установить на компьютере, чтобы оградить себя от неприятных последствий и негативной информации? (множественное число)

5 Социальная . . . (?).

6 Что стирает Интернет?

7 Экран компьютера.

8 Интернет вредит (чему?) . . . (?).

9 Что расценивается в Китае как проблема национального масштаба?

Задание 7. Переведите слова и выражения на английский / русский язык. При переводе глаголов на русский язык укажите оба вида. / Translate the words and word combinations into English / Russian. When translating verbs into Russian, provide both verbal aspect forms. 🔑

to upload	
	достоверный
disadvantage	
	источник (информации)
	иметь доступ к чему-либо
to use the Internet	
Internet dependence	
	вредный
to make it easier	
	поисковая система

Задание 8. Переведите слова, данные в скобках, на русский язык. Дополните предложения, используя эти слова в нужной форме. При необходимости используйте предлоги. / Translate the words given in brackets into Russian. Complete the sentences by using these words in the appropriate form. Use prepositions if necessary.

1 Мы можем _____ (to open) браузер и получить нужную для нас информацию.
2 Теперь нам совсем не обязательно _____ (to waste) время на поиски нужной информации.
3 У Интернета есть как _____ (advantages), так и _____ (disadvantages).
4 Пользуясь Интернетом, люди реже _____ (to rely on memory).
5 Нахождение в течение длительного времени в неправильных позах пагубно _____ (to affect) на опорно-двигательный аппарат.
6 Если вы хотите _____ (to protect) себя от неприятных последствий и негативной информации, следует установить фильтры, специальные защитные программы.
7 Вы можете _____ (to download) музыку из Интернета.
8 В Китае и Южной Корее интернет-зависимость _____ _____ (to be considered) как проблема национального масштаба.
9 Информация, которую мы находим в Интернете, не всегда _____ (reliable, correct).
10 Интернет_____(to erase) границы между странами и континентами.

Задание 9. Прочитайте мнения людей об интернет-форумах. Определите их позиции, отношение к ним. С кем вы согласны? При ответе используйте слова и выражения *кто? считает что?; кто? думает; кто? (не) согласен с кем? / с чем?* / Read the opinions of people on Internet forums. What do they think about the Internet? Who do you agree with? In your answer, use the words and phrases *кто? считает что?; кто? думает; кто? (не) согласен с кем? / с чем?*

Ольга: Сегодня в Интернете можно найти множество различных форумов. Это и развлекательные, и профессиональные форумы, посвящённые какой-то конкретной теме. Что касается профессиональных форумов . . . Там, я думаю, чаще можно встретить мнения настоящих профессионалов, поэтому полезно обращаться к таким сайтам. Это помогает принять решение и сэкономить время, силы и деньги.

Николай: Я согласен. Так и есть. Но, к сожалению, таких форумов совсем немного. Очень часто, обсуждая серьёзные вопросы, люди отступают от темы и начинают говорить ерунду. Прежде чем докопаешься до сути, перечитаешь кучу ненужной информации!

Задание 10. Ответьте на следующие вопросы, обсудите в группе. При рассуждении используйте слова, выражения, конструкции из приложения 5 и 6. / Discuss the following questions in a group. In your answer, use the words and phrases from Appendices 5 and 6 at the end of the book.

- Согласны ли вы с утверждением, что Интернет – это величайшее создание человечества?
- Как вы думаете, смогли бы вы прожить без Интернета?
- Считаете ли вы неограниченность информации в Интернете недостатком? Почему?

Задание 11. Заполните таблицу, указав положительные и отрицательные стороны Интернета. / Fill in the table, explaining the advantages and disadvantages of the Internet.

+	–

Задание 12. Напишите эссе-рассуждение на тему "Можно ли жить без Интернета?". При работе над эссе используйте приложения 5 и 6 в конце книги. / Write an essay "Можно ли жить без Интернета?". Refer to Appendices 5 and 6 at the end of the book.

ЗАПОМНИТЬ!

бра́узер	web browser *to open web browser*
влия́ть / повлия́ть (на что?)	to influence, to affect
вре́дный	harmful
достове́рный *достове́рный исто́чник информа́ции*	reliable *(source of information)*
зави́симость *интерне́т-зави́симость*	addiction *Internet dependence*
загружа́ть / загрузи́ть (что? куда?)	to upload

зре́ние	eyesight
име́ть до́ступ (к чему-л.)	to have access
исто́чник информа́ции	the source of information
недоста́ток	disadvantage
облегча́ть / потерпе́ть (кому? что?)	to make it easier
ожире́ние	obesity
опа́сный	dangerous
позвоно́чник	spine
по́иск (информации)	information search
поиско́вая систе́ма	search engine
полага́ться / положи́ться (на что? на кого?)	to rely *to rely on memory*
полагаться на память	
по́льзоваться *Интерне́том*	to use the Internet
ска́чивать / скача́ть (что? куда?)	to download
стира́ть / стере́ть (*грани́цы*)	to erase boundaries
терпе́ть / потерпе́ть убы́тки	suffer losses
теря́ть / потеря́ть *вре́мя*	to waste time
удава́ться / уда́ться (кому? что?)	to succeed, to manage
фо́рум	forum

VII НАУКА И ЧЕЛОВЕК

В уроке обсуждаются наиболее популярные открытия и изобретения, а также отношение людей к науке и к финансовым затратам на неё.

- <u>Ключевые слова:</u> наука, изобретение, открытие, рейтинг, адронный коллайдер, деньги, полезно, бесполезно.
- Выражение условных отношений в сложноподчинённом предложении. Краткие формы причастия.
- Эссе "Стоит ли тратить деньги на науку?"

Урок 1

ПРЕДТЕКСТОВЫЕ ЗАДАНИЯ

<u>Задание 1</u>. Определите значения слов, сходных со словами английского языка. Обратите внимание на их грамматическое оформление в русском языке. Проверьте себя по словарю. / Determine the meaning of the following words which are similar to English. Pay attention to their Russian spelling. Check your work in the dictionary.

русский язык	*английский язык*
алкоголь	
адронный коллайдер	
антибиотик	
консервы	
контрацептив	
мобильный (телефон)	
операция	
пенициллин	
рейтинг	

русский язык	*английский язык*
рентген	
респондент	
телеграф	
электричество	

Задание 2. **Соедините правильно картинки и слова. В случае затруднения обращайтесь к словарю. / Match the pictures and words. Refer to the dictionary if necessary.** ⓘ

зубная щётка

колесо

зеркало

лопата

порох

стиральная машина

структура ДНК

железная дорога

письменность

паровая машина

Задание 3. **Определите значение однокоренных слов. Проверьте себя по словарю. / Determine the meaning of cognates. Check your work in the dictionary.** ⓘ

а) голос, голосование, проголосовать;   в) спросить, опросить, опрос;

б) пять, пятый, (первая) пятёрка;   г) трудный, трудно, затрудниться (с ответом)

Задание 4. Определите, от каких глаголов образованы следующие причастия. Определите тип причастий. / Determine from which verbs the following participles are formed. Determine the types of participles.

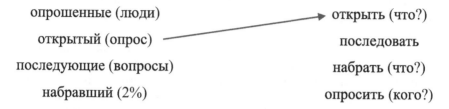

опрошенные (люди)

открытый (опрос) ⟶ открыть (что?)

последующие (вопросы)   последовать

набравший (2%)   набрать (что?)

          опросить (кого?)

Задание 5. Объедините слова, данные ниже, в словосочетания. Посмотрите значения слов в словаре. / Combine the words to form the collocations. Look up their meaning in the dictionary.

поставить   замкнуть   полезным (изобретением)

обходиться   в пятёрку

считать   сделать

без телефона

десятку   на первое место   рывок

войти   провести   опрос

Задание 6. Прочитайте текст. Выпишите ключевые слова. / Read the text. Write out the key words.

Россияне назвали самые полезные изобретения человечества

Самым полезным изобретением человечества россияне считают колесо. Во всяком случае, колесо назвали 21% из 3000 россиян, опрошенных по заказу "Ведомостей" исследовательским центром портала Superjob.ru с 5 по 9 ноября во всех федеральных округах страны. В пятёрку наиболее полезных изобретений, судя по ответам, вошли электричество, за которое проголосовал каждый десятый (10%) россиянин, Интернет (8%), компьютер (7%) и телефон (6%).

По мнению Натальи Головановой, руководителя исследовательского центра Superjob.ru, если первая пятёрка была вполне предсказуемой, то последующие ответы стали неожиданностью. 4% опрошенных назвали самым полезным изобретением мобильный телефон, без которого ещё лет десять назад спокойно обходилось большинство жителей планеты, 3% респондентов назвали автомобиль, без которого и сейчас обходятся многие россияне, а 2% – велосипед, который жители наших крупных городов давно привыкли воспринимать не иначе как развлечение. По 2% набрали в ходе открытого опроса стиральная машина и письменность.

В числе необходимых изобретений, не набравших 2%, оказались лампа накаливания, радио, водопровод и канализация, книгопечатание, пенициллин, контрацептивы, самолёт, телевидение, автомат Калашникова, порох, алкоголь, двигатель внутреннего сгорания, часы, деньги, железная дорога, зеркало, зубная щётка, кровать, консервы, лопата, метро, микроволновая печь, мыло, музыка, рентген и даже "адронный коллайдер". Лишь 7% респондентов затруднились с ответом.

Неделей ранее BBC опубликовала британскую версию важнейших изобретений человечества. Сотрудники лондонского Музея науки провели опрос 10 000 человек. Главным изобретением британцы назвали рентген, который позволил сделать существенный прорыв в медицине – проникнуть в человеческое тело без операции. Второе место в десятке важнейших научных открытий досталось первому антибиотику – пенициллину. На третье место списка англичане поставили определение структуры ДНК. На четвёртом месте космический корабль "Аполлон-10", на пятом – реактивный двигатель, первый локомотив "Ракета" – на шестом, компьютер Pilot ACE – на седьмом, паровая машина – на восьмом, первый серийный автомобиль "Форд-Т" – на девятом, а замкнул десятку британского рейтинга важнейших изобретений человечества электрический телеграф.

 ПОСЛЕТЕКСТОВЫЕ ЗАДАНИЯ

Задание 7. Прочитайте предложения. Расположите их в соответствии с последовательностью изложения материала в тексте. / Read the sentences. Arrange them in the same order as they appear in the text.

1   По мнению Натальи Головановой, руководителя исследовательского центра Superjob.ru, если первая пятёрка была вполне предсказуемой, то последующие ответы стали неожиданностью.

2   Самым полезным изобретением человечества россияне считают колесо.

3   Неделей ранее BBC опубликовала британскую версию важнейших изобретений человечества (сотрудники лондонского Музея науки опросили 10 000 человек).

4   В числе необходимых изобретений, не набравших 2%, оказались лампа накаливания, радио, водопровод и канализация, книгопечатание, пенициллин, контрацептивы, самолёт.

5   Замкнул десятку британского рейтинга важнейших изобретений человечества электрический телеграф.

Задание 8. Ответьте на следующие вопросы. / Answer the following questions.

1   Где и кем проводился опрос? Назовите тему опроса?
2   Какие изобретения вошли в пятёрку наиболее полезных?
3   Как эти данные прокомментировала руководитель исследовательского центра Superjob.ru Наталья Голованова?
4   Какие изобретения вошли в группу изобретений, не набравших 2%?
5   Сколько россиян затруднились с ответом?
6   Назовите предметы, которые, по мнению британцев, можно назвать величайшими изобретениями.

Задание 9. Передайте основное содержание текста, используя следующие слова и выражения. / Summarise the text using the following words and phrases.
   Считать (что? чем?), опрашивать/опросить (кого?) по заказу (кого?), войти в пятёрку, проголосовать (за кого?), респондент, опубликовать (что?), поставить на (какое?) место, замкнуть десятку.

Урок 2

 ПРЕДТЕКСТОВЫЕ ЗАДАНИЯ

Задание 1. Определите значения аббревиатур. / Match the words with their truncated forms. ⓘ

млн

большой адронный коллайдер

Европейская организация ядерных исследований

км

млрд

ЦЕРН

БАК

миллиард

год

миллион

километр

г.

Задание 2. Прочитайте и постарайтесь понять данные ниже слова и словосочетания. / Read and try to understand the words and phrases given below with the help of synonyms or interpretation.

   электрон = электронная частица (очень маленькая часть);
   запуск = начало;
   сталкиваться / столкнуться (с кем? с чем?) = удариться друг о друга;
   нестись (куда?) = быстро, с большой скоростью двигаться;
   ускорение = увеличение скорости;

отклонение = странность, необычность, ненормальность;
Вселенная = весь мир, система мироздания

Задание 3. Прочитайте текст. / Read the text.

БОЛЬШОЙ АДРОННЫЙ КОЛЛАЙДЕР

Первые коллайдеры, ускорители электронов, были запущены в 1965 г. в бывшем СССР в Институте ядерной физики под Новосибирском и в Стэнфордской лаборатории (США). Всем известный сегодня большой адронный коллайдер, сокращённо БАК, был построен Европейской организацией ядерных исследований (ЦЕРН) недалеко от Женевы. Его создание обошлось примерно в 9 млрд долларов. В строительстве и исследованиях принимают участие учёные и инженеры более чем из 100 стран мира. Поэтому можно сказать, что БАК – это международный проект. Первый запуск большого адронного коллайдера был проведён в сентябре 2008 г.

Длина коллайдера, который представляет собой кольцевой тоннель, составляет почти 27 км. По изогнутому тоннелю, из которого выкачан практически весь воздух, несутся два встречных протонных пучка и сталкиваются в специально отведённых местах. Там расположены детекторы элементарных частиц. С помощью этих приборов учёные получают необходимую информацию.

Движением протонов управляют мощные магниты. В большом адронном коллайдере их около 9300. Скорость частиц в нём близка скорости света в вакууме. При этом число прямых столкновений между протонами доходит до 600 млн в секунду.

Поскольку процесс ускорения частиц очень сложный, некоторые представители общественности опасаются, что работа коллайдера может стать причиной катастрофы и привести к гибели нашей планеты.

"Зачем же нужна эта очень дорогая и опасная игрушка?" – спросит обычный человек. Ответ таков. С помощью адронного коллайдера учёные пытаются найти какие-нибудь отклонения от Стандартной модели, теоретической конструкции в физике элементарных частиц. На данный момент это лучший способ, позволяющий учёным найти ошибки. В Стандартной модели остаются неясными некоторые вопросы, отсутствует учёт силы гравитации и тёмной материи, тёмной энергии. С помощью адронного коллайдера учёные узнают новую информацию об элементарных частицах и совершают открытия. Среди наиболее известных – подтверждение существования бозона Хиггса, частицы Бога, как его иногда называют журналисты.

"И это всё? Зачем мне нужны какие-то частицы?" – вновь задаст вопрос далёкий от науки человек. Действительно, многие обычные люди не видят перспективы в теоретических исследованиях. Между тем, бесполезные, с их точки зрения, научные открытия так или иначе со временем используются в жизни: от применения в быту и до решения глобальных вопросов, например, приближения к разгадке тайн Вселенной.

ПОСЛЕТЕКСТОВЫЕ ЗАДАНИЯ

Задание 4. Согласитесь или опровергните данные ниже утверждения. При ответе используйте выражения: *учёные считают, учёные думают, автор статьи уверен.* **/ Agree or disagree with the statements below. In your answer, use the phrases:** *учёные считают, учёные думают, автор статьи уверен.*

1 Большой адронный коллайдер – это международный проект.
2 С помощью адронного коллайдера невозможно получить новую информацию об элементарных частицах и совершить открытия.
3 На данный момент использование адронного коллайдера – не самый лучший способ, позволяющий найти ошибки в Стандартной модели.
4 Научные открытия так или иначе со временем используются в жизни.

Задание 5. Вставьте в данные предложения необходимые глаголы в нужной форме, используя слова из текста. / Complete the sentences by inserting verbs from the text in the correct grammatical form.

1 Первый запуск большого адронного коллайдера . . . . . . в сентябре 2008 г.
2 Создание коллайдера . . . примерно в 9 млрд долларов.
3 По тоннелю . . . два встречных протонных пучка и . . . в специально отведённых местах.
4 С помощью этих приборов учёные . . . необходимую информацию.
5 Научные открытия так или иначе со временем . . . в жизни.

Задание 6. Передайте основное содержание текста, используя следующие слова и выражения. / Summarise the text using the following words and phrases.

Был построен; создание обошлось (сколько?); провести запуск; тоннель; поток частиц; нестись и сталкиваться; получать необходимую информацию.

🔔 *ГОТОВИМСЯ К ТЕСТУ И ЭССЕ*

Задание 7. Разгадайте кроссворд. / Solve the crossword puzzle. ✏️

1 Ускоритель частиц.
2 Изобретение рентгена позволило сделать существенный . . . в медицине.
3 Изобретение, за которое проголосовал каждый десятый россиянин.
4 Тёмная . . . (?).
5 Неожиданное бедствие, происшествие с несчастными, трагическими последствиями.
6 Простейшая, элементарная часть материи.
7 Британский физик-теоретик, награждённый Нобелевской премией.
8 Десятое место в британском рейтинге важнейших изобретений человечества.

Задание 8. Переведите слова и выражения на английский / русский язык. При переводе глаголов на русский язык укажите оба вида. / Translate the words and word combinations into English/Russian. When translating verbs into Russian, provide both verbal aspect forms. ✏️

	полезный
to collide	
to discover	
to use	
	затрудняться / затрудниться с ответом
to survey	
	идти, происходить
to allow	
	предсказуемый
to give it some thought	

Задание 9. Переведите слова, данные в скобках, на русский язык. Дополните предложения, используя эти слова в нужной форме. При необходимости используйте предлоги. / Translate the words given in brackets into Russian. Complete the sentences by using these words in the appropriate form. Use prepositions if necessary. ✎

1 _____ (the most useful invention) россияне считают колесо.

2 _____ (top five) вошли электричество, Интернет, компьютер и телефон.

3 По 2%_____ (to gain, to get) стиральная машина и письменность.

4 _____ (opinion poll) проводился по заказу газеты "Ведомости" исследовательским центром портала Superjob.ru

5 3%_____ (respondents) назвали автомобиль самым полезным изобретением.

6 Неделей ранее BBC _____ (to publish) британскую версию важнейших изобретений человечества.

7 Работа коллайдера может стать причиной катастрофы и_____(to bring to ruin) нашей планеты.

8 Научные открытия со временем _____ (to be used) в жизни.

9 Нужен _____ (a breakthrough) в этой области науки.

10 Некоторые люди _____ (to fear), что работа коллайдера может стать причиной катастрофы.

Задание 10. Прочитайте мнения людей на улицах города, которым были заданы вопросы о самых полезных и бесполезных / вредных изобретениях человечества. С кем вы согласны? При ответе используйте слова и выражения *кто? считает что?; кто? думает; кто? (не) согласен с кем?/с чем? /* Read the opinions of people on the streets who have been asked questions about the mankind's most useful and least useful/harmful inventions. Who do you agree with? In your answer, use the words and phrases *кто? считает что? кто? думает; кто? (не) согласен с кем?/с чем?*

• **Назовите самое полезное изобретение?**

Анна Васильевна (57 лет): Бытовая техника. Хорошее изобретение. Медицина развивается. Тоже очень хорошо.

Юрий (35 лет): Электричество. Лампочка. Ну, если говорить о современном мире, то самое важное изобретение – это Интернет, думаю.

Елена Владимировна (74 года): Самое полезное изобретение человечества? Мне кажется, компьютер, Интернет. Всё, что сегодня ты хочешь выяснить, навести справки, узнать что-то о новинках, можно найти в компьютере. Но нам, пожилым людям, использовать его очень трудно . . . Мы не умеем. И плюс . . . здесь играют роль зрение и здоровье. Но для молодёжи, я думаю, это очень хорошо.

Наталья (40 лет): Ну, я считаю, мобильный телефон. Он удобен, скажем так. Позвонить можно хоть когда, хоть куда.

Андрей (40 лет): Самое важное изобретение – это стиральная машина, думаю.

Светлана Григорьевна (68 лет): Конечно, автомобиль! Средство передвижения!

Сергей (16 лет): Компьютер. Это самая незаменимая вещь для человека, мне кажется. Это источник информации.

Маша (9 лет): Самое полезное изобретение – телевизор, потому что там есть интересные передачи.

Вика (21 год): Полезные изобретения – те, что не вредят природе. Правда, я не могу вспомнить такие изобретения . . . Ещё полезны бытовые изобретения, те, что используются при приготовлении еды. Например, миксер.

• **Назовите самое бесполезное или вредное изобретение?**

Юрий (35 лет): Самое вредное? Сигареты.

Елена Владимировна (74 года): Мне кажется, телевизор. Ничего хорошего там нет, никакой полезной информации.

Наталья (40 лет): Интернет, думаю, можно назвать вредным изобретением, потому что люди сидят много времени за компьютером, портят своё здоровье. Но без этого никуда. Везде есть свои плюсы и минусы.

Андрей (40 лет): Самое бесполезное изобретение – это межконтинентальная баллистическая ракета. К чему её изобрели? Чтобы друг друга уничтожить? Но никто не собирается этого делать!

Светлана Григорьевна (68 лет): Компьютер. Молодёжь использует его и воспринимает всё, как есть. А там выкладывают не только хорошее, но и плохое, ненужное.

Сергей (16 лет): Самое бесполезное изобретение – это телевизор. Почему? Потому что сейчас есть компьютер, который может заменить его.

Маша (9 лет): Компьютер. Конечно, там можно найти много полезной информации, но всегда тратишь много времени на него.

Вика (21 год): Машина – самое бесполезное и вредное изобретение, потому что людям надо больше ходить пешком. Машины покупают ленивые люди.

Задание 11. Ответьте на следующие вопросы, обсудите в группе. При рассуждении используйте слова, выражения, конструкции из приложений 5 и 6 в конце книги. / Discuss the following questions in a group. In your answer, use the words and phrases from Appendices 5 and 6 at the end of the book. 📖

• Как вы считаете, проект большого адронного коллайдера необходим? Почему?

- Стоит ли тратить большие деньги на подобные программы?
- Как вы думаете, какие потенциально возможные изобретения в будущем могут оказать влияние на человечество?

Задание 12. Составьте список полезных и бесполезных, на ваш взгляд, изобретений. / Make a list of what you think are the most and least useful inventions.

Полезные изобретения
1.
2.
3.
4.
5.

Бесполезные изобретения
1.
2.
3.
4.
5.

Задание 13. Напишите эссе на тему "Стоит ли тратить деньги на науку?". При работе над эссе используйте приложения 5 и 6 в конце книги. / Write an essay "Стоит ли тратить деньги на науку?". Refer to Appendices 5 and 6 at the end of the book.

ЗАПОМНИТЬ!

вреди́ть / навреди́ть (кому?)	to harm, to damage
вре́дный	harmful
входи́ть / войти́ в пятёрку	to rank in the top 5
заду́мываться / заду́маться (о чём?)	to give it some thought
затрудня́ться / затрудни́ться *с отве́том*	hard to say, not sure
за́пуск	to start, to launch
идти́, происходи́ть	to happen
испо́льзовать (что?); испо́льзоваться (кем?)	to use / to be used
набира́ть / набра́ть (ско́лько проце́нтов)	to score the percentage
называ́ть / назва́ть (что? чем?)	to name
обходи́ться / обойти́сь (сколько? кому?)	to cost
обходи́ться / обойти́сь (без кого? чего?)	to live without
опаса́ться (чего? кого?)	to fear, to be afraid of
поле́зный	useful
предсказу́емый	predictable
проводи́ть / провести́ опро́с	to survey
респонде́нт	respondent
ста́лкиваться / столкну́ться (с чем? с кем?)	to collide, to hit
стира́льная маши́на	washing machine
счита́ть (кого? кем? чем?)	to consider
ускоре́ние	acceleration
части́ца	particle
электри́чество	electricity

VIII ГАДЖЕТЫ – ЛУЧШИЕ ДРУЗЬЯ ЧЕЛОВЕКА

В уроке обсуждается роль гаджетов в современной жизни.

- <u>Ключевые слова</u>: гаджет, прибор, влияние, улучшать, облегчать, устройство, бессмысленный, польза, вред.
- Фразеологизмы. Выражение целевых отношений в сложноподчинённом предложении.
- Эссе "Гаджеты – лучшие друзья человека?"

Урок 1

📖 ПРЕДТЕКСТОВЫЕ ЗАДАНИЯ

Задание 1. Что такое гаджет? Дайте определение. В случае затруднения обращайтеськ интернет-ресурсам (https://ru.wikipedia.org). / What is a gadget? Give a definition. Refer to the Internet recourses if necessary (https://ru.wikipedia.org): Гаджет – это . . .

Задание 2. Определите значение однокоренных слов. Проверьте себя по словарю. Determine the meaning of the cognates. Check your work in the dictionary. ℹ️

а) легко, лёгкий, облегчать; г) старый, устаревший;
б) уши, наушники; д) связь, связаться
в) встреча, встречать, встречный;

Задание 3. Прочитайте и постарайтесь понять данные ниже слова и словосочетания. / Read and try to understand the words and phrases given below with the help of: a) synonyms or interpretation, b) antonyms or interpretation.

а) **с помощью синонимов или толкования слов:**

изобретать = создавать; устройство = прибор, девайс;
усовершенствовать = делать лучше, улучшать; уставиться = смотреть;
вызывать (страх, интерес) = являться причиной; способствовать = помогать

б)   с помощью антонимов или толкования слов:

облегчать ≠ затруднять   польза ≠ вред
перестать ≠ начаться   развитие ≠ деградация
зависимость ≠ свобода   преимущества ≠ недостатки

Задание 4. **Прочитайте слова. Скажите, о чём этот текст? / Look at the word cloud and try to guess what this text is about**.

Задание 5. **Прочитайте текст и придумайте заголовок. / Read the text and suggest a title**.

Сегодня, где бы мы ни находились, в очереди ли, в метро, в парке или в кафе, нам приходится часто наблюдать одну и ту же картину. Люди сидят, уставившись в экран телефона, планшета, ноутбука. Иногда у них вид сильно занятых людей, иногда – откровенно скучающий. Причины у всех разные: одни работают, а другие просто убивают время, отвечая кому-то или просматривая информацию. Редко встретишь сегодня человека, который не пользовался бы современными устройствами!

Как написано в Википедии, гаджет предназначен для облегчения и усовершенствования жизни человека. Но так ли это на самом деле? Правда ли гаджеты улучшают, усовершенствуют нашу жизнь?

Действительно, сегодня трудно представить жизнь без гаджетов. Современные устройства гарантируют быстрый и лёгкий доступ к нужной информации и экономят наше время. Раньше, например, для того чтобы изучить тот или иной вопрос, нужно было идти в библиотеку или домой к компьютеру. Теперь информация всегда под рукой, в Интернете. И поэтому можно, когда захочешь, включить обучающую лекцию, посмотреть видеоурок на ютубе, прочитать электронную книгу. Мы можем учиться, развиваться и совершенствоваться.

Кроме того, современные гаджеты удобны в обращении, имеют различные полезные функции. Например, во многих сегодняшних устройствах есть встроенная фотокамера, дающая возможность в любой момент сделать фотографию. И мы можем тут же переслать её своим друзьям. Никогда раньше процесс передачи информации не происходил так быстро! Связаться с нужным нам человеком сегодня можно в любой момент.

Но вместе с тем пользователи современных устройств стали зависимы. Нам хочется в сотый раз проверить электронную почту, просмотреть ленту новостей в социальных сетях, фотографии в Инстаграмме, поставить лайки, написать комментарии или же выложить собственную фотографию, сделанную в машине, в кафе или на работе, а потом заходить на свою страничку через каждую минуту, проверяя, как оценили публикацию друзья. Так мы начинаем тратить время впустую.

Кажется, что молодёжь сегодня живёт в виртуальном мире. Общение с друзьями происходит не в жизни, а по скайпу или в социальных сетях. Даже знакомиться молодые люди предпочитают на специальных сайтах. Там же, в Интернете, они ведут свои блоги и участвуют в обсуждениях.

Несмотря на, казалось бы, такую активность, современные люди всё чаще испытывают одиночество, страхи и комплексы. Уходя в виртуальный мир, они убегают от реальной жизни, создают иллюзию, что у них всё в порядке. Личность начинает деградировать. Люди перестают думать, замечать, что происходит вокруг них, и понимать, как всё устроено в настоящей, реальной жизни.

Тем не менее каждый день изобретают какой-нибудь новый гаджет. Устаревшие модели выходят из моды, снимаются с продаж. А по телевизору демонстрируют преимущества новых технологий, искушая нас приобрести рекламируемое устройство. И мы часто поддаёмся рекламе, тратим последние деньги на новую дорогую модель, не мысля уже своей жизни без современных устройств.

Да, хотим мы того или нет, гаджеты вошли в нашу жизнь навсегда. Но вот насколько вредным или полезным окажется то или иное устройство, зависит только от нас самих. Если уметь пользоваться ими с умом, то можно оказаться только в выигрыше. А как думаете вы? Вы не согласны?

 ПОСЛЕТЕКСТОВЫЕ ЗАДАНИЯ

Задание 6. **Закончите предложения, опираясь на текст. / Complete the sentences based on the information given in the text.**

1   Гаджет – небольшое устройство, предназначенное для . . . .
2   Гаджеты гарантируют . . . .
3   Гаджеты дают возможность . . . .
4   Сейчас все современные гаджеты снабжены . . . .
5   С помощью мобильной связи и Интернета мы в любой момент . . . .
6   По телевизору нам показывают . . . .
7   Современный мир вызывает у людей . . . .
8   Очень многие игры созданы . . . .

Задание 7. Вставьте в данные предложения необходимые глаголы в нужной форме, используя слова из текста. / Complete the sentences by inserting verbs from the text in the correct grammatical form. 🗝

1   В современной жизни люди . . . думать, потому что им просто некогда это делать.
2   Каждый день . . . новые гаджеты.
3   Инженеры Apple постоянно . . . дизайн айфонов.
4   Мобильный телефон плохо . . . на здоровье, не надо часами . . . по телефону.
5   Некоторые знаменитости . . . блог о моде.
6   Она . . . в Интернет свои фотографии каждый день.
7   В соцсетях легче . . . с разными людьми, заводить новые знакомства.
8   Мобильные телефоны . . . возможность человеку достаточно быстро . . . с нужным человеком.

Задание 8. Используя информацию в тексте, заполните таблицу, указав положительные и отрицательные стороны гаджетов. / Fill in the table, explaining the advantages and disadvantages of gadgets.

+	−

📝 **Задание 9. Что бы вы сказали автору этой статьи? Напишите свой ответ. При работе над эссе используйте приложения 5 и 6 в конце книги. / What would you say to the author of this article? Write down your answer. Refer to Appendices 5 and 6 at the end of the book.** 📖

Урок 2

📖 *ПРЕДТЕКСТОВЫЕ ЗАДАНИЯ*

Задание 1. Скажите, какими гаджетами вы пользуетесь в быту? Для учёбы? В машине? Запишите их. / What gadgets do you use in your everyday life? For study? In the car? Write them down.

_____
_____
_____
_____
_____

Задание 2. Соедините картинки и слова. В случае затруднения обращайтесь к словарю. / Match the pictures and words. Refer to the dictionary if necessary. ⓘ

чайник

расчёска

солнечные панели

кофеварка

мышь-массажёр

клавиатура-скатерть

электрооткрывалка

Задание 3. Прочитайте текст. / Read the text.

Странные приборы

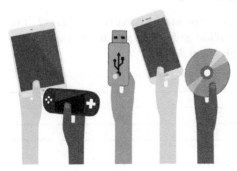

Мы живём в эпоху Интернета вещей. Это означает: появилось больше устройств, которые взаимодействуют как с пользователями, так и друг с другом. Современная кофеварка может даже иметь доступ к сети и автоматически подключаться к Wi-Fi! Только для чего нужны все эти "странные приборы"?

Существуют гаджеты, которые продвигаются и рекламируются как массовые. Однако в жизни ими предпочитают пользоваться только специалисты: умные зубные щётки, расчёски с функцией анализа состояния волос, компьютерная мышь-массажёр. Конечно, любому человеку хочется попробовать, как работают эти устройства. Но дважды в день, например, анализировать зубы с помощью смартфонного приложения и умной щётки обычному человеку надоест быстро. Зато стоматолог будет рад такому изобретению. Оно пригодится ему в работе. А вот клавиатура-скатерть, может быть, понравится и обычному человеку. Ведь на ней можно печатать, есть и не бояться просыпать крошки или пролить воду.

Кажется, что чаще придумывают нелепые приборы, такие как, например, электрооткрывалка для консервов. В магазинах она стоит 4000 рублей! Но пользоваться ей вы навряд ли будете часто. Какая же тогда выгода от такой покупки? Выброшенные на ветер деньги! Поэтому некоторые смеются над такими изобретениями. Особенно досталось "умному" диско-чайнику, который управляется со смартфона и может сварить 100 напитков. К тому же он имеет режим цветомузыки и ночника. Только для чего?

Однако не все изобретения бесполезны. Например, солнечные панели Илона Маска точно пригодятся на Земле, а может быть, и на Марсе. Говорят, что разработка компании Tesla – это устойчивые к природным катаклизмам панели. Они оказались прочными, и их уже начинают использовать.

Когда инженер-исследователь изобретает свой новый прибор, он иногда придумывает невероятные для современников вещи. Эти "странные приборы" могут казаться нам глупыми, смешными и бесполезными. Но часто так случается, что мысль инженера опережает время, и современники не могут по достоинству оценить изобретение. И лишь через некоторое время мы понимаем, что та самая вещица была действительно гениальной и послужила основой для дальнейшего развития новых технологий.

 ПОСЛЕТЕКСТОВЫЕ ЗАДАНИЯ

Задание 4. **Вставьте в данные предложения необходимые глаголы в нужной форме, используя слова из текста. / Complete the sentences by inserting verbs from the text in the correct grammatical form.**

1   Есть разработки, которые . . . . и . . . как массовые, но в реальности могут . . . . только специалистам.
2   К "специальным" изобретениям можно . . . супер-умные расчёски с функцией анализа состояния волос, USB-перчатки.
3   Умные часы . . . к Wi-Fi.
4   Солнечные панели Маска . . . прочными.
5   Некоторые технологии . . . своё время или служат основой для развития вполне земных прогрессивных приборов и технологий.

Задание 5. **Ответьте на вопросы. / Answer the questions**.

1 Какие гаджеты, по мнению автора, являются бесполезными и ненужными?
2 Согласны ли вы с тем, что есть разработки, которые продвигаются и рекламируются как массовые, но в реальности пригодятся только определённому типу людей?
3 К какому выводу приходит автор? Согласны ли вы с ним?
4 Какими гаджетами вы пользуетесь? Полезны ли они?

Задание 6. **Найдите информацию в Интернете о новых гаджетах. Подготовьте устную презентацию об одном из них, по вашему выбору. / Find the information online about new gadgets. Prepare an oral presentation about one of them**.

🔔 ГОТОВИМСЯ К ТЕСТУ И ЭССЕ

Задание 7. **Разгадайте кроссворд. / Solve the crossword puzzle.** 🔑

1 Приспособление для чего-л.
2 Возможность получить что-то, попасть куда-то. Например, . . . в Интернет.
3 Техническое устройство, аппарат какого-л. назначения.
4 Создание, новый неизвестный ранее предмет.
5 Что любят делать люди со своими фотографиями? . . . в социальные сети. (инфинитив, НСВ)
6 Состояние, положение человека, когда он связан в своих действиях, мыслях и т.п.
7 . . . . компьютер к Wi-Fi. (инфинитив, СВ)

Задание 8. Переведите слова и выражения на английский/русский язык. При переводе глаголов на русский язык укажите оба вида. / Translate the

words and word combinations into English/Russian. When translating verbs into Russian, provide both verbal aspect forms. 🗝

	улучшать / улучшить
to invent	
	приложение
useful	
	развивать / развить
access (to the Internet)	
	устройство
dependence	

Задание 9. Переведите слова, данные в скобках, на русский язык. Дополните предложения, используя эти слова в нужной форме. При необходимости используйте предлоги. / Translate the words given in brackets into Russian. Complete the sentences by using these words in the appropriate form. Use prepositions if necessary. 🗝

1 В 2018 году компания Apple _____ (improved, updated) мобильный телефон.
2 Гаджеты облегчают _____ (access) к информации.
3 Многие гаджеты _____ (useless).
4 Психологи сравнивают_____ (dependence) от мобильных телефонов с наркоманией.
5 Люди могут _____ (to communicate) в соцсетях с кем угодно.
6 Многие думают, что_____(online) мир интереснее, чем реальный.
7 Студенты проводят много времени за _____ (screen) компьютера.
8 Всем известно, что знаменитости не любят _____ (to post) фотографии своих детей в соцсетях.
9 От гаджетов больше_____(harm), чем _____(benefit).

Задание 10. Прочитайте мнения участников форума: Какие гаджеты облегчают жизнь? Объясните подчёркнутые слова и выражения. / Read the opinions of forum participants below. Explain the underlined words and expressions.

Александр: Трудно сегодня найти человека, у которого нет смартфона, компьютера или ноутбука. На мой взгляд, в этих устройствах можно быстро узнать новости и быть в курсе любых мировых событий. Мы живём в 21-ом веке, в веке хай-тек. И чтобы <u>идти в ногу со временем</u>, мы начинаем пользоваться всё более усовершенствованными технологиями. Сегодня у каждого есть, как минимум, по три гаджета. Они нужны.

Алекс: Я уверена, что современные электронные гаджеты, бесспорно, – благо для человека. Они приносят больше пользы, чем вреда. Они облегчают нам жизнь. Есть гаджеты, которые помогают в домашнем хозяйстве, в медицине. Но зачем нужно автоматическое устройство для заваривания чайных пакетиков в чашке, если проще сделать это руками? Вот это вопрос!

Оливер: Гаджеты нужно <u>использовать с умом</u>. Гаджет – вещь, призванная облегчать жизнь человека. Но иногда появляются такие "шедевры", что удивляешься, а зачем они вообще сделаны. Вилка с моторчиком для наматывания спагетти вряд ли заменит обычную вилку, подходящую для любой еды. Есть ещё ножницы с лазерным прицелом, как у снайперской винтовки, позволяющие точно резать ткань. На практике все эти вещи зачастую бесполезны.

Ольга: Не знаю, но варёное яйцо есть скучно, а если положить его в специальную форму на пару минут, то получается очень креативно – яйцо в виде черепа. На вкус яйца этот гаджет никак не влияет, может, только на аппетит.

Елена: Я прочитала в газете "Аргументы и факты", что в США сделали зонт, в ручку которого вмонтирован чип. Благодаря ему зонт может посылать сигнал с напоминанием на смартфон своего владельца. Функция активируется, если владелец удаляется от аксессуара более чем на 9 м. Я думаю, что это полезный гаджет. Я всегда теряю зонтики. А японец Кэндзи Каваками создал зонт-галстук, который просто висит на шее владельца. Среди других <u>оригинальных изобретений</u> Каваками, которые могут облегчить жизнь, – подпорка для тех, кто любит подремать в транспорте, тапочки для кота, выполняющие функцию половой щётки, трафарет для макияжа.

Джон: Сложно представить, по какому пути прогресс пойдёт дальше, поскольку <u>складывается впечатление</u>, что изобретено уже всё что можно: и мусорное ведро с фотоэлементами, и робот-пылесос, очки для виртуальной реальности, умные часы, беспилотники, ручки-шпионы, кружки-непроливайки и многое другое. Они все в разной степени приносят нам удовольствие и удовлетворение, что само по себе ценно среди проблем современной жизни.

 Задание 11. Обсудите в парах, с кем из участников форума вы согласны / не согласны? Что бы ответили на этот вопрос? При ответе используйте слова и выражения *я согласен/согласна с кем?; по-моему, прав/а . . . .* / Discuss in pairs, which forum participants do you agree or disagree with? How would you answer this question? In your answer, use the phrases *я согласен/согласна с; по-моему, прав/а . . .*

Задание 12. Ответьте на следующие вопросы, обсудите в группе. / Answer the following questions and discuss your answers in a group.

• Что такое гаджеты и для чего они предназначены?
• Какими гаджетами вы пользуетесь? Для чего?
• Как вы думаете, гаджеты необходимы в нашей жизни или нет?
• Какие гаджеты полезные, а какие бесполезные?

Задание 13. Напишите эссе на тему "Гаджеты – лучшие друзья человека?". При работе над эссе используйте приложения в конце книги. / Write a short essay "Гаджеты – лучшие друзья человека?". Refer to the Appendices at the end of the book.

☞ *ЗАПОМНИТЬ!*

бессмы́сленный	senseless
влия́ть / повлия́ть (на кого? на что?)	to influence
возмо́жность	possibility
вред	harm
вставля́ть / вста́вить (что? куда?)	to insert
выкла́дывать / вы́ложить (фотогра́фии)	to post
до́ступ (к чему?)	access
изобрета́ть / изобрести́ (что?)	to invent
изобрете́ние	invention
облегча́ть / облегчи́ть (что?)	to lighten, to make easier, to simplify
ока́зываться / оказа́ться	to turn out to be
опра́вдывать / оправда́ть (кого? что?)	to justify, to excuse
печа́тать / напеча́тать (что?)	to type
подде́рживать / поддержа́ть (кого? что?)	to support
подключа́ть(ся) / подключи́ть(ся) (что? к чему?)	to connect, to plug in
поле́зный	useful
по́льза (sing.)	use, benefit, advantage
прибо́р	appliance, device
приду́мывать / приду́мать (что?)	to think up
приложе́ние	application (web-application)
развива́ть / разви́ть (что? кого?)	to develop
реклами́ровать (что?)	to advertise
свя́зываться / связа́ться (с кем?)	to connect
совершé́нствовать(ся) / усоверше́нствовать(ся)	to improve, to update
удивля́ться / удиви́ться (чему? кому?)	to wonder
улучша́ть / улу́чшить (что?)	to improve
управля́ться (кем? чем?)	be operated
устарé́вший	old fashioned
устро́йство	appliance, device
эконо́мить / сэконо́мить (время)	to save time

IX   Наше будущее

В уроке обсуждаются проблемы, связанные с созданием искусственного интеллекта. Беседа о будущем системы образования.

- Ключевые слова: искусственный интеллект, навыки, мозг, человеческая деятельность, образование, клиповое сознание.
- Выражение причинно-следственных отношений в сложно-подчинённом предложении.
- Эссе "Искусственный интеллект или человек?"

Урок 1

ПРЕДТЕКСТОВЫЕ ЗАДАНИЯ

Задание 1. Объясните значение слов и выражений. Проверьте себя по словарю. / Explain in Russian the meaning of the following words and phrases. Check your work in the dictionary. ⓘ

Искусственный интеллект, навыки, мозг, человеческая деятельность, роботизированный, мыслить (мысль), производительность.

Задание 2. Составьте словосочетания из данных слов и объясните их значение. / Combine the following words to form collocations. Explain their meaning. 🔑

места   искусственный   труд

повседневная

рабочие   жизнь   интеллект

мозг   человеческий

автоматизированный

Задание 3. Прочитайте текст. Выделите в тексте основные смысловые части: введение, главную часть и заключение. Придумайте название. / Read the text. Find the main elements of the text, i.e., introduction, main part and conclusion. Suggest a title.

Сегодня об искусственном интеллекте не рассуждает только ленивый. Газеты пестрят заголовками со словами "проблемы искусственного интеллекта", "искусственный интеллект уничтожит рабочие места", "искусственный интеллект мыслит". На телевидении ему посвящаются целые программы, участники которых спорят о том, каким образом развитие данной технологии скажется на будущем всего человечества.

Между тем оказывается, что термин "искусственный интеллект" понимают по-разному. В быту обычным людям чаще всего представляются фантастические картины: роботизированный мозг, обладающий способностью думать, как человек. Но так ли говорят об этом специалисты? Что такое искусственный интеллект и как он повлияет на наше будущее?

Данный термин появился в 1956 г. благодаря американскому информатику Джону Маккарти, который не связывал его напрямую с интеллектом человека. Искусственный интеллект – это технология, точнее, набор технологий, которые позволяют на основе данных принимать какие-либо решения. Сегодня искусственный интеллект существует не только в компьютере, но и в повседневных предметах и вещах. Его можно встретить, например, в автомобиле, в пылесосе, в стиральной машине. Современный человек постепенно приближается к идее создания искусственного мозга.

С каждым годом технология искусственного интеллекта становится всё более сложной. Уже сегодня некоторые виды человеческой деятельности автоматизированы настолько хорошо, что к 20–40 гг. производительность настольного компьютера сравняется с производительностью человеческого мозга, а отдельные программы искусственный интеллект будет выполнять лучше, чем люди. Он всё больше проникает в повседневную жизнь, поэтому в скором будущем, по мнению специалистов, будет повсюду. Появятся "умные" такси без участия людей, личные электронные ассистенты, помнящие, что холодильник пуст и необходимо купить продукты на ужин. А их доставку будет осуществлять роботизированный курьер.

Совершенно точно, что сильно изменится система образования, где будет задействован искусственный интеллект. Он будет помогать адаптировать уроки под индивидуальные особенности каждого ученика. Появится серьёзный стимул к повышению качества образования, так как будет очень много ресурсов онлайн. Уже сегодня курсы ведущих мировых университетов доступны через Интернет. Образование станет целевым. Но живое общение при этом не исчезнет.

Вместе с благами искусственный интеллект привносит в нашу жизнь и опасность. Непорядочные люди могут использовать такие технологии не только в мирных целях. Например, уже сегодня существуют небольшие дроны, которые, незаметно проникая на чужую территорию, могут выполнять боевые действия. Искусственный интеллект способен наносить и вред.

Сможет ли человечество, пользуясь технологиями искусственного интеллекта, справиться в будущем с новыми проблемами? Вопрос, который остаётся открытым. Единственное, в чём можно быть уверенными, так это в том, что наш мир очень сильно изменится.

 ПОСЛЕТЕКСТОВЫЕ ЗАДАНИЯ

Задание 4. Прочитайте предложения. Выберите из данных предложений те, которые соответствуют позиции автора. Обсудите в парах своё мнение. / Read the sentences. Which of the following sentences correspond to the author's point of view? Discuss it in pairs.

1 Искусственный интеллект избавит нас от огромного количества рутинной работы и позволит нам больше заниматься творчеством и любимыми делами.
2 В ближайшие десять лет повышение производительности труда и повсеместное внедрение роботов приведёт к тому, что наша рабочая неделя сократится до трёх дней.
3 Искусственный интеллект привносит опасность в нашу жизнь.
4 Роботы заменят людей и уничтожат их рабочие места.
5 Система образования изменится, и людям не нужно будет учиться.

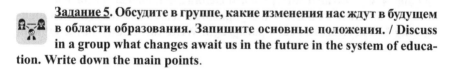

Задание 5. Обсудите в группе, какие изменения нас ждут в будущем в области образования. Запишите основные положения. / Discuss in a group what changes await us in the future in the system of education. Write down the main points.

Урок 2

 *ПРЕДТЕКСТОВЫЕ ЗАДАНИЯ*

Задание 1. Объясните значение слов и выражений. Проверьте себя по словарю. / Explain in Russian the meaning of the following words and phrases. Check your work in the dictionary. ⓘ

Образование, оценка, клиповое сознание, навыки общения, изучать самостоятельно.

Задание 2. **Прочитайте и постарайтесь понять данные ниже слова и словосочетания. / Read and try to understand the words and phrases given below with the help of: a) synonyms or interpretation, b) antonyms or interpretation**.

а)   с помощью синонимов или толкования слов:

наставник = ментор, учитель;

управлять (кем? чем?) = руководить (кем? чем?);

хранить (что-л.) = держать (что-л.);

полноценный = настоящий, соответствующий требованиям

б)   с помощью антонимов или толкования слов:

одарённый ≠ бездарный;

исчезать ≠ появляться

Задание 3. **Просмотрите вопросы интервью с основателем российского рынка онлайн-образования "Нетология групп" Максимом Спиридоновым и запишите их в таблицу. О чём пойдёт речь в этом интервью? / Read the interview questions with the Russian founder of online education system "Netology group" Maksim Spiridonov and fill in the table. What topic will be discussed in the interview?**

Абзац	Вопрос	Ключевые слова
1.		

Задание 4. **Прочитайте интервью, выделяя 3–5 ключевых слов в каждом абзаце. Запишите их в таблице в упражнении 3. / Read the interview highlighting 3–5 keywords in each paragraph. Write them down in the table in exercise 3**.

– Какие черты современного образования исчезнут через 10 лет?

– Во-первых, исчезнет жанр урока в виде лекции. Я имею в виду донесение информации, которую можно получить и без лектора. Конечно, речь не идёт о лекции как шоу, когда слушатель приходит услышать конкретного лектора с определённым темпераментом, встретиться с другими слушателями из определённого круга. Но любой вариант, когда преподаватель что-то рассказывает ученикам, будет исчезать, и это ляжет на плечи учащихся: они будут изучать многое самостоятельно. Место классической лекции займёт практика и в вузе, и в школе.

Во-вторых, пропадёт ориентация только на накопление знаний. Обучение чётко разделится на получение фундаментальных знаний и обучение навыкам.

В-третьих, обучение будет более дробным. Даже занятие в школе на 45 минут – это довольно длинный цикл. Онлайн-образование уже использует циклы в 5–7 минут. Мозг человека изначально хранит информацию кусками, а современные технологии воспитывают клиповое сознание. Это один из парадоксов и одна из проблем одновременно. В каком-то смысле учиться больно, это определённое напряжение мозга, которое человеку допускать не хочется. Но это можно облегчить в онлайне и в офлайне, например, геймификацией. С другой стороны, есть гипотеза, что боль, через которую проходит обучающийся, – вполне здоровый процесс, он развивает и воспитывает когнитивные способности.

– Каким образом учащийся не только в будущем, но уже сейчас может развивать личные качества, навыки общения?

– Бесспорно, роль личных качеств в экономике становится всё больше. Отсюда надежда, что обучение таким навыкам постепенно появится и в классической школе, в рамках государственной системы образования. Умение учиться, слышать, ясно излагать своё мнение – это основы основ.

– Как вам кажется, как изменится роль учителя через 10 лет?

– Со временем учитель превратится в наставника, тьютора. Он станет тем, кто помогает, мотивирует. Его работа будет заключаться в индивидуальной "настройке" при работе с ребёнком. Это вопрос пары десятков лет.

– Верите ли вы, что полноценное образование вообще возможно при помощи современных гаджетов, даже если ученику помогает такой ментор? Готовы ли люди? Это же, в первую очередь, вопрос ответственности и мотивации.

– Массовые пользователи пока не готовы. У нас есть полноценное школьное онлайн-образование – "Фоксфорд экстернат". Около 900 школьников учатся онлайн, в школу не ходят вообще, только сдают экзамены (формально они находятся на домашнем обучении). Но они мотивированы, конечно. Думаю, что онлайн-образование не заменит, по крайней мере, при нашей жизни, офлайн-образование полностью. Но оно будет всё больше входить в различные сегменты. Хотя речь идёт не обо всех предметах: обучение физике и русскому языку возможно, но пока слишком рано говорить о полноценном онлайн-образовании для хирургов.

– Не случится ли так, что образование в целом перестанет быть государственным? После чего оно станет платным, недоступным всем слоям населения, и образованными будут только те, кто сможет платить за процесс получения знаний.

– Это зависит от того, как будет развиваться политическая и экономическая ситуация, какую роль будут играть международные корпорации. Возможно, со временем не государства, а корпорации станут источниками силы, к ним перейдёт власть. С другой стороны, кажется довольно очевидным, что ставка будет делаться на сильные персоналии, на человеческий капитал. За сильных людей будут конкурировать. Так или иначе, какие-то силы всегда будут заинтересованы в борьбе за одарённых и образованных людей.

 ПОСЛЕТЕКСТОВЫЕ ЗАДАНИЯ

Задание 5. Опираясь на текст, согласитесь или опровергните данные ниже утверждения. При ответе используйте выражения *создатель интернет-проектов считает / думает / полагает; он уверен, в том, что. /* **Agree or disagree with the statements below. In your answer, use the phrases** *создатель интернет-проектов считает / думает / полагает; он уверен, в том, что*:

1 Система образования кардинально изменится в будущем.
2 Жанр лекции исчезнет.
3 Всё образование будет онлайн.
4 Полноценное образование невозможно без гаджетов.
5 В будущем образование перестанет быть государственным.
6 Государству будут нужны образованные люди.

Задание 6. Вставьте в данные предложения необходимые глаголы в нужной форме, используя слова из текста. / Complete the sentences by inserting verbs from the text in the correct grammatical form. 🔑

1 Место классической лекции . . . практика.
2 Наш мозг . . . информацию кусками.
3 Игры на уроках (геймифика́ция) . . . процесс обучения.
4 Онлайн-образование не . . . офлайн-образование полностью.
5 Со временем учитель . . . в наставника.

Задание 7. Ответьте на следующие вопросы, обсудите в группе. При рассуждении используйте слова, выражения, конструкции из приложений 5 и 6 в конце книги. / Discuss the following questions in a group. Refer to Appendices 5 and 6 at the end of the book. 📖

• Что бы вы изменили в системе образования сегодня?
• Какие положения Максима Спиридонова вам нравятся больше всего? Согласны ли вы с его точкой зрения?

- Считает ли вы, что новые технологии необходимы в образовании? Для чего? В каких сферах жизни или областях науки?
- О каких новых технологиях будущего вы слышали? Как вы думаете, как они повлияют на нашу жизнь?

Задание 8. Найдите в Интернете статью о самом интересном, на ваш взгляд, технологическом достижении, которое изменит нашу жизнь. Подготовьте короткую презентацию об этом. / Find an article on the Internet about the most interesting, in your opinion, technological innovation, which can change our life. Prepare a short presentation.

🔔 *ГОТОВИМСЯ К ТЕСТУ И ЭССЕ*

Задание 9. Разгадайте кроссворд. / Solve the crossword puzzle. 🔑

1   . . . компьютера (существительное?).
2   Обучение, просвещение.
3   Искусственный . . .
4   Будущая роль учителя.
5   Современное приспособление с цифровыми технологиями.
6   Умения, приобретённые упражнениями, созданные привычкой.
7   . . . вред. (глагол?)
8   Автоматическое устройство.

Задание 10. Переведите слова и выражения на английский / русский язык. При переводе глаголов на русский язык укажите оба вида. / Translate the words and word combinations into English/Russian. When translating verbs into Russian, provide both verbal aspect forms. 🔑

	накопление (знания)
to disappear	
	образование
skills	
to destroy	
	хранить (информацию)
clip thinking	
	способность
to cope with problems	
	искусственный интеллект (разум)

Задание 11. Переведите слова, данные в скобках, на русский язык. Дополните предложения, используя эти слова в нужной форме. При необходимости используйте предлоги. / Translate the words given in brackets into Russian. Complete the sentences by using these words in the appropriate form. Use prepositions if necessary. 🔑

1 _____ (education) будет базироваться на интернет-технологиях и гаджетах.
2 Жанр лекции в скором будущем _____ (to disappear).
3 Искусственный интеллект всё больше входит в нашу _____ _____ (everyday) жизнь.
4 Молодым людям нужно развивать _____ (skills) общения и личностные качества.
5 Сейчас, чтобы стать хорошим специалистом, нужно иметь _____ _____ (knowledge) и _____ (experience).
6 Футурологи считают, что в будущем роботы _____ (to replace) людей.
7 Ясно одно, что мир скоро очень сильно _____ (to change).

8 _____ (brain) хранит информацию кусками.

9 Крупные компании заинтересованы в _____
(gifted, talented) и _____ (educated) людях.

10 В будущем люди должны будут научиться _____
_____ (to cope) новыми проблемами и трудностями.

Задание 12. Напишите эссе на тему "Искусственный интеллект или человек?". При работе над эссе используйте приложения 5 и 6 в конце книги. / Write a short essay "Искусственный интеллект или человек?". Refer to Appendices 5 and 6 at the end of the book.

ЗАПОМНИТЬ!

воспи́тывать / воспита́ть (кого?)	to bring up, to educate
заменя́ть / замени́ть (что? кого? на что? на кого?)	to replace
зна́ние	knowledge
иску́сственный интелле́кт (ра́зум)	artificial intelligence
изменя́ть / измени́ть (что? кого?)	to change
исчеза́ть / исче́знуть	to disappear
мы́слить	to think
мысль	thought
мышле́ние *кли́повое мышле́ние*	thinking *clip thinking*
накопле́ние, *накопление знаний*	accumulation, *knowledge acquisition*
облегча́ть / облегчи́ть (что?)	to make it easier
образова́ние	education
обуче́ние	training, education
одарённый	gifted, talented
повсю́ду	everywhere
производи́тельность	efficiency, capacity
самостоя́тельно	independently
спосо́бность	ability
повседне́вный, *повседневная жизнь*	day-to-day, *everyday life*
полноце́нный, *полноце́нное образова́ние*	meaningful education

справля́ться / спра́виться (с кем? с чем?) *с проблемами*	to cope, to overcome
уничтожа́ть / уничто́жить (кого? что?)	to destroy
храни́ть (что? где?)	to store

X Туризм

В уроке обсуждаются проблемы, связанные с туризмом и влиянием человека на природу. Экотуризм.

- <u>Ключевые слова</u>: наплыв туристов, спасение природы, мусор, окружающая среда, наносить ущерб, нарушать, вклад.
- Деепричастия. Трансформация деепричастных оборотов в сложные предложения.
- Эссе "Экотуризм – модно или полезно?"

Урок 1

📖 *ПРЕДТЕКСТОВЫЕ ЗАДАНИЯ*

<u>Задание 1</u>. Прочитайте названия географических мест. Обратите внимание, как пишутся эти слова в русском языке. / Read the geographical names. Pay attention to their Russian spelling.

Задание 2. Объедините слова из колонок А (страны), В (столицы) и С (известные места). В случае затруднения обращайтесь к сайту www. maps-world.ru/ / Match the countries in column A with the capitals in column B and famous national sights in column C. Refer to the website www.maps-world.ru/ if necessary. 🔑

A	B	C
Италия	Гонолулу	Тадж-Махал
Россия	Амман	Пантеон
ЮАР	Лондон	Стоунхендж
Англия	Москва	Петра
Гавайи	Рим	Храм Василия Блаженного
Иордания	Бриджтаун	Дворец Иолани
Израиль	Нью-Дели	Скала Лайонс-Хед
Индия	Кейптаун	Мёртвое море
Барбадос	Тель-Авив	Парфенон
Греция	Афины	пещера Харрисонс-Кейв

Задание 3. Прочитайте и постарайтесь понять данные ниже слова и словосочетания. / Read and try to understand the words and phrases given below with the help of: a) synonyms or interpretation, b) antonyms or interpretation.

а)   с помощью синонимов или толкования слов:

кругозор = интересы, круг интересов;   местное население = местные жители;
чудо света = феномен природы;   побережье = ривьера, берег;
сокровищница = место хранения богатства;   вклад = инвестиция, вложение;
уклад жизни = образ жизни;   ошеломлять = удивлять;
            наплыв туристов = большое количество туристов

б)   с помощью антонимов или толкования слов:

ущерб ≠ польза;   древний ≠ современный
выгода ≠ вред;

Задание 4. Определите от каких глаголов образованы следующие деепричастия. Определите тип деепричастий. Придумайте предложения. / Determine from which verbs the following gerunds are formed. Compose sentences with these gerunds.

посещая

нацарапав

восхищаясь

восхищаясь

оставляя

стремясь

расширяя (кругозор)

побывав

считая

нарушая

Задание 5. **Объедините слова, данные ниже, в словосочетания. Посмотрите значения слов в словаре. / Combine the words to form the collocations. Look up their meaning in the dictionary.**

Задание 6. Прочитайте текст. Скажите, о чём этот текст? Придумайте заголовок. / Read the text. What is it about? Suggest a title.

Посещая один из самых известных городов в мире, город Петра в Иордании, туристы восхищаются умением древних людей, создавших настоящее чудо света. Розовая Петра ошеломляет. Это редкое сочетание красоты ландшафта и архитектурного мастерства. Поэтому ежедневно сюда приезжает более 2500 человек, которых не пугает даже довольно высокая плата за вход. Конечно, доход от посещения туристами приносит прибыль в казну Иордании, но вместе с тем есть и неприятные последствия.

Сегодня стены зданий древнего города истёрты, лестницы истоптаны толпами туристов. Говорят, что за 10 лет некоторые части Сокровищницы Петры уменьшаются на 40 мм. К тому же нерадивые "любители древностей" пытаются непременно оставить память о себе, нацарапав на стенах города что-то вроде "Здесь были Петя и Маша".

Петра – не единственная цель сегодняшних туристов. Свыше 600 миллионов человек каждый год путешествует по миру. Считая, что путешествие расширяет кругозор, многие из них стремятся попасть во всемирно известные места, такие, например, как Пантеон, Тадж Махал, Стоунхендж, национальные парки Кении, американские национальные парки и др. Но везде, где бы ни побывали туристы, остаются следы от их пребывания.

Влияние туризма с 60-ых годов, когда люди стали массово путешествовать по миру, резко возросло. Приведём примеры. Сегодня население Средиземноморского побережья составляет 130 млн. Но каждое лето оно возрастает за счёт туристов до 230 млн. Предполагается, что к 2025 году эта цифра увеличится до 760 млн. Таким образом, на побережье ни в Испании, ни в Италии, ни в Греции не останется ни кусочка свободной земли, а Средиземное море рискует превратиться в самое грязное в мире. Кроме того, жители курортных городков всё больше страдают от наплыва туристов и с меньшим энтузиазмом ждут гостей, которые, по мнению местного населения, приносят не столько выгоду, сколько ущерб и дискомфорт. Как утверждают на Барбадосе и на Гавайях, любой турист тратит в десять раз больше воды и электричества, чем местный житель. Поэтому стоит задуматься: действительно ли туризм вносит существенный вклад в развитие экономики? И так ли важно каждому человеку побывать во всех популярных местах, чтобы чувствовать себя умным и образованным? Может, лучше открыть Интернет и совершить виртуальную прогулку, не нарушая уклад местных жителей и не нанося никому вред?

 ПОСЛЕТЕКСТОВЫЕ ЗАДАНИЯ

Задание 7. **Прочитайте предложения. Расположите их в соответствии с последовательностью изложения материала в тексте. / Read the sentences. Arrange them in the same order as they appear in the text**.

1   Считая, что путешествие расширяет кругозор, многие из них стремятся попасть во всемирно известные места, такие, например, как Пантеон, Тадж Махал, Стоунхендж, национальные парки Кении и др.

2   Влияние туризма с 1960 гг., когда люди стали массово путешествовать по миру, резко возросло.

3   Средиземное море рискует превратиться в самое грязное в мире.

4   Кроме того, жители курортных городков всё больше страдают от наплыва туристов и с меньшим энтузиазмом ждут гостей, которые, по мнению местного населения, приносят не столько выгоду, сколько ущерб и дискомфорт.

5   Конечно, доход от посещения туристами приносит прибыль в казну Иордании, но вместе с тем есть и негативные последствия.

6   Посещая один из самых известных городов в мире, город Петра в Иордании, туристы восхищаются умением древних людей, создавших настоящее чудо света.

7   Как утверждают на Барбадосе и на Гавайях, любой турист тратит в десять раз больше воды и электричества, чем местный житель.

8 Поэтому стоит задуматься: действительно ли туризм делает существенный вклад в развитие экономики?

Задание 8. Ответьте на следующие вопросы. / Answer the following questions:

1 Чем знаменит город Петра в Иордании?
2 С какими проблемами сталкиваются жители города Петра? Почему?
3 Приведите примеры негативного влияния туризма.
4 Приносит ли туризм выгоду? Что думает местное население о туристах?
5 Как бы вы ответили на вопрос: "И так ли важно непременно каждому человеку побывать во всех популярных местах, чтобы чувствовать себя умным и образованным?"

Задание 9. Вставьте в данные предложения необходимые глаголы в нужной форме, используя слова из текста. / Complete the sentences by inserting verbs from the text in the correct grammatical form. 🔑

1 Туристы . . . достопримечательностями Афин.
2 Меня . . . эта новость.
3 Основную прибыль в казну государства . . . продажа нефти.
4 Путешествия . . . кругозор.
5 Действительно ли туризм . . . вклад в развитие экономики страны?
6 Человек . . . . вред природе и . . . уклад жизни местного населения.

Задание 10. Передайте основное содержание текста, используя следующие слова и выражения. / Summarise the text using the following words and phrases.

посещать (что?), восхищаться (чем?), приносить прибыль, оставлять следы пребывания, возрастает (число туристов), влиять (на что?), страдать (от чего?), утверждать (что?), делать (вносить) вклад (во что?) (в развитие экономики), нарушать (что?) уклад жизни, совершать прогулку, путешествовать (по чему?).

Урок 2

📖 *ПРЕДТЕКСТОВЫЕ ЗАДАНИЯ*

Задание 1. Объедините части слов. Объясните значения образованных слов. / Put the words together. Explain their meaning. ℹ️ 🔑

Задание 2. Подберите синонимы. В случае затруднения, смотрите значения слов в словаре. / **Match the synonyms. Refer to the dictionary if necessary.**

осознать (что?)   рафтинг

причинять вред (кому?)   проникать (во что?)

вторгаться (во что?)   вредить (кому? чему?)

сплав (по реке)   давать (работу)

выбрасывать (мусор)   инвестировать (во что?)

обеспечивать (работой)   влиять (на кого? на что?)

вносить вклад (во что?)   сорить (чем?)

оказывать влияние (на что? на кого?)   понять (что?)

Задание 3. Посмотрите на облако слов. Как вы думаете, о чём этот текст? / **Look at the word cloud. What do you think this text is about?**

Задание 4. Прочитайте текст. Придумайте заголовок. / **Read the text. Suggest a title.**

Экотуризм стал развиваться относительно недавно. Классический экотур – это пешие походы, велопутешествия, сплавы по рекам, автотуры, конные туры. Если вам не нравится отдых на природе, вы можете выбрать другой вид экотуризма – агротуризм. Суть его в том, что будете проживать в местных домах, дышать свежим воздухом, гулять по лесу, изучать экологические особенности региона, есть вкусную домашнюю еду. Главное правило экотуристов – не вредить природе, заботиться об экологии.

Сегодня человечество осознало необходимость заботиться о своей планете, поэтому экотуризм популярен. В каждой стране есть заповедники, национальные парки, леса, куда можно отправиться, чтобы поближе познакомиться с природой, с культурой разных стран, выучить иностранный язык. Традиционно туристы едут из развивающихся стран в развитые. Однако в случае с экотуристами дело обстоит иначе. Очень популярными сейчас становятся экзотические места: Австралия, ЮАР, Новая Зеландия, Кения, Эквадор, Бразилия, Филиппины, Коста-Рика, Непал. Но экотуристы часто путешествуют и по собственным странам. Например, Россия необычайно богата красивыми и уникальными местами. Это Байкал, Алтай, Камчатка, Кавказ и Карелия.

Многие считают, что экотуризм – это спасение для природы. А так ли это на самом деле? Конечно, никто не вырубает деревья для строительства отелей и не прокладывает специально дороги в лесах. К тому же туристы вносят определённый финансовый вклад и улучшают экономическое положение местных жителей. Но есть и обратная сторона медали. Выбирая маршруты, люди часто не задумываются о том, что вторгаются в жизнь дикой природы, шумят, выбрасывают пластиковые бутылки, разжигают костры. Учёные думают, что экотуристы оказывают негативное влияние на животных, птиц и растения. Поэтому такой вид отдыха не для каждого.

 ПОСЛЕТЕКСТОВЫЕ ЗАДАНИЯ

Задание 5. Согласитесь или опровергните данную ниже информацию. При ответе используйте выражения *автор считает, автор думает, он уверен, автор полагает.* **/ Agree or disagree with the statements below. In your answer, use the phrases** *автор считает, автор думает, он уверен, автор полагает.*

1   Многие считают, что экотуризм – это спасение для природы, в отличие от других видов туризма.
2   Выбирая маршруты, люди часто не задумываются о том, что вторгаются в жизнь дикой природы, не принося ей никакой пользы.
3   Привлечение туристов к экологической зоне помогает развитию региона и обеспечивает работой местных жителей.
4   В условиях дикой природы существует риск для человека.
5   Такой вид отдыха как экотуризм подходит каждому человеку!

Задание 6. Вставьте в данные предложения необходимые глаголы в нужной форме, используя слова из текста. / Complete the sentences by inserting verbs from the text in the correct grammatical form. 🔑

1   Экотуризм стал . . . недавно.
2   Туристы . . . экономическое положение местных жителей.
3   Ненужные вещи нужно . . . .

4   Главное правило экотуристов – не . . . природе, заботиться об экологии.

5   Никто не . . . деревья для строительства отелей.

6   Выбросы заводов и фабрик . . . негативное влияние на экологию.

🔔 *ГОТОВИМСЯ К ТЕСТУ И ЭССЕ*

Задание 7. **Разгадайте кроссворд. / Solve the crossword puzzle.** 🔑

1   Восторгаться, нравиться.

2   Вид путешествий вдалеке от цивилизации.

3   Прибыль, доход.

4   Расширять . . .

5   Потери, урон.

6   Окружающий . . .

7   Воздействие, оказываемое кем-л. или чем-л. на кого-л./что-л.

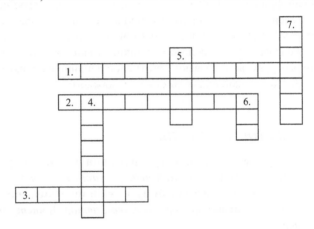

Задание 8. Переведите слова и выражения на английский / русский язык. При переводе глаголов на русский язык укажите оба вида. / Translate the words and word combinations into English/Russian. When translating verbs into Russian, provide both verbal aspect forms. 🔑

	наносить / нанести ущерб
to decrease	
	кругозор
	приносить / принести прибыль
to save, to rescue	
	улучшать / улучшить
contribution	
	выбрасывать / выбросить
energy saving	
garbage	

Задание 9. Переведите слова, данные в скобках, на русский язык. Дополните предложения, используя эти слова в нужной форме. При необходимости используйте предлоги. / Translate the words given in brackets into Russian. Complete the sentences by using these words in the appropriate form. Use prepositions if necessary.

1 Я _____ (to admire) твоим сыном!
2 Чтение _____ (to broaden one's outlook).
3 Туризм _____ (to generate profit) в казну государства.
4 Некоторые люди _____ (to suffer from) бессонницы.
5 _____ (profit) компании Apple в прошлом году составила 45,7 млрд долларов.
6 Количество пресной воды на земле _____ (to decrease).
7 Илья Глазунов _____ (to contribute) в развитие российской культуры.
8 Не следует _____ (to break) правила дорожного движения.
9 Вырубка леса _____ (cause harm) природе.
10 Человек всегда хочет _____ (to make your mark) о себе.

Задание 10. Прочитайте рассказы участников форума, которые обсуждают вопрос "Почему я выбираю экотуризм". С кем вы согласны? При ответе используйте слова и выражения *кто? считает что?; кто? думает; кто? (не) согласен с кем? / с чем?* / Read the stories of the forum participants who are discussing the topic "Почему я выбираю экотуризм". Who do you agree with? In your answer, use the phrases *кто? считает что; кто? думает; кто?(не) согласен с кем? / с чем?*

Андрей: Это полезный вид отдыха. Не нужно тратиться на отели, визы, билеты. Всё, что вам потребуется, — велосипед, палатка или домик в деревне. Чем ближе к природе, тем лучше! Положительные эмоции! А польза для здоровья вообще неоценима.

Мария: В прошлом году я была в зарубежном эколагере в Европе. Сейчас это популярный вид отдыха: таким образом люди путешествуют и практикуются в языке, находят новых друзей и помогают природе.

В нашем эколагере были люди из разных стран. Мы придумывали различные экопроекты, которые можно было бы реализовать в наших родных странах, обсуждали экологические проблемы. Экотуризм помог мне найти новых друзей и изменить образ мыслей. Теперь я экономлю воду, пользуюсь энергосберегающими лампочками. Я считаю: если мы хотим жить в экологически чистом мире, мы сами должны заботиться об этом.

Яна: Недавно мы ездили на Алтай. В горах Алтая живут шаманы. Я встретила безумно интересных людей, пела песни, играла на барабанах, поднималась в горы, ела ягоду, которая росла в горах, пила ключевую воду, прекрасно высыпалась в палатке, собирала траву для чая, варила вегетарианский борщ. Это был незабываемый отдых

на природе. Я ещё не раз вернусь туда вместе со своей палаткой.

Оля: Я решила изменить свою жизнь. Я отправилась в экопутешествие по России на велосипеде. Я объездила много городов – от Москвы до Екатеринбурга. Я наслаждалась природой. В пути я познакомилась с хорошими добрыми людьми, которые приглашали меня домой на ужин. Почему я занимаюсь экотуризмом? Чтобы очистить душу и тело от грязи окружающего мира! Моё путешествие

научило меня понимать себя, радоваться жизни. Кроме того, я похудела на 15 кг.

Михаил: Мы с женой решили купить дом и переехать в деревню. Деревня – это абсолютно другой мир, где ты можешь забыть о своих проблемах и

"отключиться" от цивилизации. Чистый воздух, шашлыки на улице, рыбалка, зимой мы ходим на лыжах. У нас своя ферма, а значит свои продукты, свежие фрукты и овощи. Экотуризм положительно влияет на здоровье. Никакой дорогой курорт не может сравниться с отдыхом в деревне!

Задание 11. Ответьте на вопросы. Обсудите в группе. / Answer the questions and discuss them in a group.

- В какой тур вы хотели бы поехать: а) познавательный (экскурсии); б) активный (походы, сплавы); в) пассивный (прогулки, пикники)?

- Почему экотуризм сейчас популярен?
- Какие плюсы и минусы этого вида отдыха вы можете назвать? Запишите их в таблицу.

+	–

- Как вы думает, кто такой экотурист? Составьте типичный портрет экотуриста.

а) возраст;
б) пол;
в) образование;
г) продолжительность тура;

д) способ путешествия (с семьёй, с друзьями, через турагентство);
е) виды деятельности

Задание 12. Напишите эссе на тему "Экотуризм – модно или полезно?". При работе над эссе используйте приложения 5 и 6 в конце книги. / Write a short essay "Экотуризм – модно или полезно?". Refer to Appendices 5 and 6 at the end of the book.

ЗАПОМНИТЬ!

вклад	contribution
вноси́ть / внести́ вклад	to contribute, to give input
возраста́ть / возрасти́	to increase
восхища́ться / восхити́ться (чем? кем?)	to admire, to be delighted with
выбра́сывать / вы́бросить (что? куда?)	to throw away, to discard
вы́года	profit
выруба́ть / вы́рубить *деревья*	to deforest
кругозо́р	outlook
наруша́ть / нару́шить (что?)	to break, to disturb, to violate
ока́зывать / оказа́ть влия́ние (на что?)	to influence, to impact
окружа́ющий мир	environment
превраща́ться / преврати́ться (в кого? во что?)	to turn into
приноси́ть / принести́ при́быль (кому?)	to earn profit, to generate profit
расширя́ть / расши́рить (что?)	to broaden, to widen
спасе́ние (спаса́ть / спасти́ (кого? что?)	rescue, escape
страда́ть / пострада́ть (от чего? от кого?)	to suffer

улучша́ть / улу́чшить (что? кого?)	to improve
уменьша́ться / уме́ньшиться	to decrease, to drop down
утвержда́ть (что?)	to state, to believe
ущéрб	damage
хвата́ть / хвати́ть (кого? чего?)	to be enough
энергосберега́ющий	energy saving

Appendices
Приложения

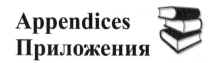

📖 Приложение 1: Некоторые случаи образования
существительных с помощью суффиксов

СУФФИКС	ОБРАЗОВАНИЕ СУЩЕСТВИТЕЛЬНОГО	РОД
Названия лиц по профессии, специальности, роду занятий		
-ист	журналист	мужской род
-ант -ент	эмигрант респондент	
-ик -ник -тик -чик	политик союзник аналитик захватчик	
-тор	организатор	
-тель	представитель	
-лог	политолог	
Абстрактные понятия		
-изм	вандализм	мужской род
-ость	требовательность	женский род
-ство	множество человечество	средний род
-ствиj-	соответствие	
-тиj-	бытие	
Действия, процессы		
-ани(е)	собрание	
-ени(е)	запрещение объявление	
-тиj(е)	развитие	
-ация (-циj-)	интерпретация	женский род
-к-	подготовка	

📖 Приложение 2: Основные способы образования причастий в русском языке

НАСТОЯЩЕЕ ВРЕМЯ	
ДЕЙСТВИТЕЛЬНЫЕ ПРИЧАСТИЯ	**СТРАДАТЕЛЬНЫЕ ПРИЧАСТИЯ**
Образуются от глаголов НСВ. **Основа** <u>**настоящего**</u> времени.	Образуются только от <u>**переходных**</u> глаголов НСВ. **Основа** <u>**настоящего**</u> времени.
(I спряжение)	**(I спряжение)**
-ущ- /-ющ-	**-ем-, /-ом-**
писать – они пи<u>ш</u>-ут – пиш**ущий** работать – они работа<u>-</u>ют – работа**ющий**	выполнять – они выполня-ют – выполня**емый** вести – они ве<u>д</u>-ут – вед**омый**
(II спряжение)	**(II спряжение)**
-ащ-/-ящ-	**-им-**
держать – они <u>держ</u>-ат – держ**ащий** строить – они <u>стро</u>-ят – стро**ящий**	слышать – они слыш-ат – слыш**имый**
ПРОШЕДШЕЕ ВРЕМЯ	
Образуются от глаголов СВ и НСВ. **Основа** **инфинитива.**	Образуются от <u>переходных</u> глаголов. **Основа** **инфинитива.**
-вш-	**-нн-**
(основа на гласный)	**(основа на гласный, кроме «и»)**
делать – он дела-л – дела**вший**	сделать – он сдела-л – сдела**нный**
-ш-	**-енн-**
(основа на согласный)	**(основа на "и" или на согласный) возможны чередования: б-бл; п-пл; в-вл; с-ш; д-ж; ст-щ; д-жд; т-ч; з-ж; т-щ; м-мл; ф-фл**
везти – он вёз – вё**зший**	исполнить – он исполн<u>и</u>-л – исполн**енный** перевезти – он перевё<u>з</u> – перевез**ённый** понизить – пони<u>зи</u>-л – пони**женный** ку<u>п</u>ить – ку<u>п</u>и-л – ку**пл**е**нный**
	-т-
	односложные слова (с приставкой/без приставки)
	о<u>де</u>ть – оде-л – оде**тый**
	глаголы на – ереть
	с<u>тереть</u> – стё**ртый**
	глаголы с суффиксом – ну-
	поки<u>ну</u>ть – покину**тый**

Трансформация предложений с причастным оборотом в сложные предложения с определительными отношениями

Вид причастий	Число	Предложения с причастным оборотом	Сложные предложения с определительными отношениями
действительное причастие настоящего времени	ЕД.Ч.	1. Студент, пишущий реферат, должен пойти в библиотеку.	1. Студент, который пишет реферат, должен пойти в библиотеку.
		2. Библиотекарь дал книгу студенту, пишущему реферат.	2. Библиотекарь дал книгу студенту, который пишет реферат.
	МН.Ч.	3. Студенты, пишущие рефераты, должны пойти в библиотеку.	3. Студенты, которые пишут рефераты, должны пойти в библиотеку.
		4. Библиотекарь дал книги студентам, пишущим рефераты.	4. Библиотекарь дал книги студентам, которые пишут рефераты.
действительное причастие прошедшего времени	ЕД.Ч.	1. Студент, написавший реферат, должен вернуть книги в библиотеку.	1. Студент, который написал реферат, должен вернуть книги в библиотеку.
		2. Библиотекарь взял книги у студента, написавшего реферат.	2. Библиотекарь взял книги у студента, который написал реферат.
	МН.Ч.	3. Студенты, написавшие рефераты, должны вернуть книги в библиотеку.	3. Студенты, которые написали рефераты, должны вернуть книги в библиотеку.
		4. Библиотекарь взял книги у студентов, написавших рефераты.	4. Библиотекарь взял книги у студентов, которые написали рефераты.
страдательное причастие настоящего времени	ЕД.Ч.	1. Это река, изучаемая учёными.	1. Это река, которую изучают учёные.
		2. На этой карте нет реки, изучаемой учёными.	2. На этой карте нет реки, которую изучают учёные.
	МН.Ч.	3. Это реки, изучаемые учёными.	3. Это реки, которые изучают учёные.
		4. На этой карте нет рек, изучаемых учёными.	4. На этой карте нет рек, которые изучают учёные.
страдательное причастие прошедшего времени	ЕД.Ч.	1. Книга, написанная этим писателем, продаётся в магазине «Москва».	1. Книга, которую написал этот писатель, продаётся в магазине "Москва".
		2. У меня нет книги, написанной этим писателем.	2. У меня нет книги, которую написал этот писатель.
	МН.Ч.	3. Книги, написанные этим писателем, продаются в магазине «Москва».	3. Книги, которые написал этот писатель, продаются в магазине «Москва».
		4. У меня нет книг, написанных этим писателем.	4. У меня нет книг, которые написал этот писатель.

📚 Приложение 3: Основные способы образования деепричастий в русском языке

вид дееприча-стия	основа <u>настоящего</u> времени
деепричастия <u>несовершенного</u> вида (НСВ)	чита-ют → чита + **я** = читая исправля-ют → исправля + **я** = исправляя конспектиру-ют → конспектиру + **я** = конспектируя <u>здорова</u> -ют-**ся** → здорова + **я** +**сь** = здороваясь лов-ят → лов + **я** = ловя
	держ-ат → держ + **а** = держа дыш-ат → дыш + **а** =дыша
	знать → зна + **я** = зная вставать → встава + **я** = вставая давать → дава + **я** = давая

NB! Глаголы на **-чь** (мочь), **-нуть** (мокнуть) и некоторые другие (например, писать, ждать, ездить, ехать) не образуют формы деепричастий НСВ.

вид дееприча-стия	основа <u>прошедшего</u> времени
деепричастия <u>совершенного</u> вида (СВ)	написа-л → написа + **в** = написав
	<u>поздорова</u>-л-**ся** → поздорова + **вши** + **сь** = поздоровавшись
	лёг → лёг + **ши** = лёгши увлё<u>к</u>-**ся** → увлёк + **ши** +**сь** = увлёкшись

Трансформация предложений с деепричастным оборотом в сложные предложения

обстоятельственные отношения	предложения с деепричастным оборотом	сложные предложения
причина	Получив высшую оценку, студент очень обрадовался.	Студент очень обрадовался, потому что он получил высшую оценку.
время	Прочитав книгу, студент вернул её в библиотеку.	Когда студент прочитал книгу, он вернул её в библиотеку.
	Читая книгу, студент делал пометки.	Когда студент читал книгу, он делал пометки.
	Будучи студентом, он много занимался.	Когда он был студентом, он много занимался.

условия	Выучив английский язык, ты сможешь свободно путешествовать по всему миру.	Если ты выучишь английский язык, ты сможешь свободно путешествовать по всему миру.
уступка	Студент растерялся на экзамене, даже хорошо зная ответ.	Хотя студент хорошо знал ответ, он растерялся на экзамене.
цель	Он работал по много часов, добиваясь хороших результатов.	Он работал по много часов, чтобы добиться хороших результатов.

Приложение 4: Сложноподчинённые предложения

	типы	примеры	некоторые союзы / союзные слова
1.	изъяснительные	*о чём?* Я думала, что ты опоздаешь. *к чему?* Мать с детства приучала меня, чтобы я трудился. *что?* Я раньше считала, будто изучать иностранный язык легко. *о чём?* Все вспоминали, как было весело тогда.	что; чтобы; будто; как
2.	определительные	*какого?* Моего друга, с которым произошла эта история, зовут Андрей. *какая?* Стояла жара, какая бывает очень редко. *с какой?* Был подписан договор с компанией, чья продукция очень востребована на рынке. *какой?* Город, откуда (из которого) он приехал, расположен на юге России.	который; какой; чей; кто; что; когда; где; куда; откуда
3.	время	*когда?* Когда я был ребёнком, мы часто ездили к морю. *когда?* Мы можем обсудить все вопросы, пока все дома. *с каких пор?* Ничего не изменилось в городе, с тех пор как он уехал. *когда?* После того как все студенты сдали экзамен, они пошли в парк. *когда?* В то время как я готовился к поступлению, мои друзья отдыхали.	когда; пока; с тех пор как; как только; после того как; в то время как

4.	пространственные (место)	*где?* Хорошо там, где нас нет. *куда?* Мы свернули туда, куда вела тропинка. *куда?* Она смотрела, откуда доносились крики.	где; куда; откуда
5.	причина	*почему?* Он не пришёл на урок, потому что заболел. *из-за чего?* Он попал в аварию из-за того, что разговаривал по мобильному телефону.	потому что; так как; благодаря тому что; из-за того что
6.	следствие	Он заболел, поэтому он не пришёл на урок.	поэтому; так что
7.	условие	*при каком условии?* Если я смогу, я приду к вам завтра. Если бы я смогла, я бы пришла к вам.	если; если бы
8.	цель	*с какой целью? зачем?* Я постараюсь сделать всё, чтобы вы были довольны.	чтобы
9.	сравнение	*как?* Я сделала всё так, как советовал мой отец. *как?* Друзья обрадовались так, словно они не виделись сто лет.	как; подобно тому, как; словно; точно как будто
10.	уступка	*несмотря на что?* Хотя было ещё холодно, чувствовалась весна.	хотя; невзирая на то, что; несмотря на то, что

🕮 Приложение 5: Список глаголов

1) **ПОЛНОЕ ПРЕДСТАВЛЕНИЕ МАТЕРИАЛА:**
   автор говорит о чём?; рассматривает что?; разбирает что?; характеризует что?; анализирует что?; раскрывает что?; описывает что?; излагает что?; освещает что?; показывает что?; останавливается на чём?

2) **НЕПОЛНОЕ ПРЕДСТАВЛЕНИЕ МАТЕРИАЛА:**
   затрагивает что?; касается чего?; упоминает о чём?; замечает что?; перечисляет что?

3) АРГУМЕНТАЦИЯ, ОБОСНОВАНИЕ МЫСЛИ:

доказывает что?; подтверждает что?/чем?; ссылается на кого?/на что?; исходит из чего?; объясняет что? тем, что; приводит в пример (приобщает примеры, факты); цитирует кого? что?; использует (факты, материал); опирается на что?

4) ВЫДЕЛЕНИЕ МЫСЛИ:

отмечает что? подчёркивает что? указывает на важность чего?; выделяет что?; основывается на чём?; уделяет внимание чему?; показывает как?/ что?; раскрывает какое значение чего?; имеет в виду что?

5) ВЫРАЖЕНИЕ ТОЧКИ ЗРЕНИЯ:

считает что?; утверждает что?; защищает что?; отстаивает что?; убеждает в том, что; полагает что?; придерживается точки зрения;

6) ОЦЕНОЧНЫЕ ГЛАГОЛЫ:

а) одобряет что?; разделяет точку зрения кого?; поддерживает кого?

б) критикует что?; осуждает что?; выступает против кого? чего?; отрицает что?; (не) соглашается с кем?; разоблачает кого?; обвиняет кого?; противопоставляет кого? что? кому? чему?

7) ПОЛЕМИЧЕСКИЕ ГЛАГОЛЫ:

спорит с кем?; полемизирует с кем?; возражает кому?; вскрывает недостатки; расходится во взглядах с кем?; отвергает что?; отрицает что?; опровергает что?;

8) ЗАКЛЮЧЕНИЕ:

приходит к выводу; делает вывод; подводит итог; обобщает.

🐚 Приложение 6: Средства композиционной связи

1) СРЕДСТВА СВЯЗИ, УКАЗЫВАЮЩИЕ НА ПОРЯДОК СЛЕДО-ВАНИЯ ВЫСКАЗЫВАНИЯ:

во-первых; во-вторых; в-третьих; затем; потом; прежде всего, так.

2) СРЕДСТВА СВЯЗИ, УКАЗЫВАЮЩИЕ НА ПОЯСНЕНИЕ-ИЛЛЮСТРАЦИЮ, УТОЧНЕНИЕ ИЛИ ПРИСОЕДИНЕНИЕ АРГУМЕНТИРУЮЩЕГО МАТЕРИАЛА:

например; приведём пример; так; именно; только; даже; особенно; другими словами; речь идёт (о чём?); дело в том, что.

3) СРЕДСТВА СВЯЗИ, УКАЗЫВАЮЩИЕ НА СОПОСТАВЛЕНИЕ И ПРОТИВОПОСТАВЛЕНИЕ:

и всё-таки; с одной стороны; с другой стороны; наоборот; однако; не только, но и.

4) СРЕДСТВА СВЯЗИ, УКАЗЫВАЮЩИЕ НА ССЫЛКУ, ИСТОЧНИКИ ИНФОРМАЦИИ:

согласно данным; как показывают данные; по данным.

5) СРЕДСТВА СВЯЗИ, УКАЗЫВАЮЩИЕ НА ОБОБЩЕНИЕ, ВЫВОД:

таким образом; итак; вообще говоря.

🔖 Приложение 7: Эссе-рассуждение

Общие сведения

Слово «эссе» произошло от французского слова «essai» («попытка, проба, очерк»). Эссе - это сочинение небольшого объёма, в котором излагаются собственные мысли, рассуждения на конкретную тему.

Признаки эссе

1   Конкретная тема.
2   Небольшой объём (200–250 слов).
3   Композиция.

    I   Вступление, где формулируется проблема.
    II   Основная часть:

- тезис, аргументы
- тезис, аргументы
- тезис, аргументы

    III Заключение, где делаются выводы.

4   Начало абзаца пишется с красной строки.
5   Согласованность (логика) ключевых тезисов.
6   Язык. В эссе отсутствуют слова нелитературного языка (например, сленг), зато присутствуют <u>связующие слова</u>.
7   Стиль изложения эмоциональный, экспрессивный. Не очень хорошим стилем считается текст, где в соседних предложениях повторяются одинаковые слова.

Таким образом, при написании эссе важно помнить о **содержании**, **композиции** и **языке**.

Рекомендации как писать эссе-рассуждение

1   Внимательно прочитайте тему. Выделите <u>ключевые</u> слова.
2   Определите <u>свою позицию</u> (согласен полностью / частично; не согласен полностью / частично).
3   Подумайте над аргументами и примерами, которые подтверждают вашу мысль.
4   Напишите план вашего эссе, например:

Части эссе	Ваши замечания	Языковые средства (связующие слова, клише)
1. Вступление		
2. Тезис, аргументы		

3. Тезис, аргументы		
4. Заключение		

5   Напишите эссе, используя ваш план. **Помните**, что вам необходимо:

- выразить свою позицию;
- аргументировать свою точку зрения, использовать примеры;
- использовать связующие слова.
- сделать вывод / заключение.

Задания

1   **Прочитайте эссе студентки, проанализируйте ошибки, которые она допустила в работе, и найдите положительные стороны. Обратите внимание на подчёркнутые слова.**

Брак по любви или брак по расчёту?

Жить с кем-то не всегда просто. Обычно если мы хотим создать семью, мы женимся. Однако причины, которые нас побуждают к браку, могут быть разными. Мы можем жениться по любви или по расчёту. Большинство людей, когда думают о браке, связывают его с любовью. О браке по любви часто мечтают. Любовь означает нежность, привязанность и взаимное уважение, понимание. О таком браке часто рассказывают в книгах и фильмах. Однако иногда любовь приходит и уходит. Чувства утихают, и брак распадается. <u>Светлана</u> выходила замуж трижды, но два её брака по любви не сложились из-за бытовых проблем и недопонимания. Другой вид брака – брак по расчёту. Когда <u>люди</u> думают <u>о нём</u>, <u>люди</u> вспоминают <u>о нём</u> негативно и подозревают интерес партнёра не к личности человека, а к его <u>лимонам</u>. <u>Люди</u> часто утверждают, что в личных отношениях не может быть расчёта, потому что это <u>обман</u>, который убивает брак. Расчёт не только подразумевает материальное благополучие. Когда мы хотим хорошую хозяйку в качестве будущей жены или хорошего отца своим будущим детям – это тоже расчёт. Решить выйти замуж или жениться не очень простое решение. Более того, мы должны понимать, почему мы хотим жениться. Наука доказала, что мы влюбляемся друг в друга, потому что другой человек кажется нам идеальным партнёром, чтобы создать семью. Таким образом, любовь – это бессознательный расчёт. И я хотела бы выйти замуж по любви за такого человека, с которым мы будем работать ради общего счастья. А если у моего будущего мужа будет много денег, то это станет дополнительным бонусом для нашей совместной жизни.

2 Прочитайте исправленный вариант эссе.

Брак по любви или брак по расчёту?

Жить с кем-то не всегда просто. Обычно если мы хотим создать семью, мы женимся. Однако причины, которые нас побуждают к браку, могут быть разными. Мы можем жениться по любви или по расчёту. Как известно, к браку по расчёту часто относятся негативно, считая, что жениться надо только по любви. Но когда слабеют чувства, люди часто разводятся, потому что оказывается, что ничего другого в их отношениях нет. Так что же лучше выбрать?

Большинство людей, когда думают о браке, связывают его с любовью. О браке по любви часто мечтают. Любовь означает нежность, привязанность и взаимное уважение, понимание. О таком браке часто рассказывают в книгах и фильмах. Однако иногда любовь приходит и уходит. Чувства, к сожалению, уходят, и брак распадается. Например, героиня прочитанного нами рассказа Светлана выходила замуж трижды, но два её брака по любви не сложились из-за бытовых проблем и недопонимания.

Другой вид брака – брак по расчёту. Когда люди вспоминают о нём, они думают негативно и подозревают интерес партнёра не к личности человека, а к его деньгам. Люди часто утверждают, что в личных отношениях не может быть расчёта, потому что это фальшь, которая убивает брак.

На мой взгляд, однако, расчёт не только подразумевает материальное благополучие. Когда мы хотим хорошую хозяйку в качестве будущей жены или хорошего отца своим будущим детям – это тоже расчёт. Решить выйти замуж или жениться не очень простое решение. Более того, мы должны понимать, почему мы хотим жениться.

Наука доказала, что мы влюбляемся друг в друга, потому что другой человек кажется нам идеальным партнёром, чтобы создать семью. Таким образом, любовь – это бессознательный расчёт. И я хотела бы выйти замуж по любви за такого человека, с которым мы будем работать ради общего счастья. А если у моего будущего мужа будет много денег, то это станет дополнительным бонусом для нашей совместной жизни.

Боковые пометки:

постановка проблемы

красная строка

замена слова «люди» на местоимение «они», чтобы избежать повторов

замена слова «обман» на более экспрессивное «фальшь» (или «ложь»)

вывод

слова-связки

деление на абзацы

выражение своего отношения

более точное пояснение примера

замена слова «лимон» (сленг) на слово «деньги» (лит.) или «богатство»

Answer keys
Ключи

☞ **Тема I: Глобальный международный язык**

Урок 1

Зад. 2. владеть языком, общаться с носителями языка, оказывать влияние, наносить вред, упрощать общение, улучшать связи, терять свою идентичность, отражаться в языке, вести бизнес, проникать в культуру

Урок 2

Зад. 1. преобладание – преобладать; разрушение – разрушать; проникновение – проникать; владение – владеть; навязывание – навязывать; доминирование – доминировать; сохранение – сохранять; ведение – вести; распространение – распространять; понимание – понимать; разрушение – разрушать; влияние – влиять.

Зад. 8. 1. улучшает; 2. общаться; 3. упрощает; 4. происходят, отражаются; 5. меняется.

Готовимся к тесту и эссе

Зад. 10. 1. распространение; 2. международный; 3. народы; 4. связи; 5. вред; 6. владеть; 7. влияние; 8. идентичность.

Зад. 11. 1. to enrich; 2. влияние; 3. native speaker; 4. распространённый язык; 5. разрушать/разрушить (что?); 6. most in-demand; 7. улучшать / улучшить (что? кого?); 8. domination, prevalence; 9. самобытность; 10. иностранный язык.

Зад. 12. 1. востребованный; 2. приобретает; 3. международным языком; 4. владеют русским языком; 5. облегчает; 6. представители; 7. влияет, носителей; 8. распространение; 9. иностранный, родной; 10. обогащает.

☞ **Тема II: Телевидение**

Урок 1

Зад. 5. рекламный бюджет, входит в список, кабельный канал, целевая аудитория, тематическое телевидение, платный канал.

Урок 2

Зад. 4. 1. доверяют; 2. является; 3. цензурировать; 4. цензурирует; 5. занимаются; 6. подвергаются.

Готовимся к тесту и эссе

Зад. 5. 1. цензура; 2. клевета; 3. табу; 4. телевидение; 5. аудитория; 6. фрагментация.

Зад. 6. 1. TV presenter; 2. входить/войти в список; 3. to broadcast; 4. violence; 5. to trust; 6. подтверждать / подтвердить (что?); 7. реклама; 8. TV programme; 9. цензура; 10. audience (viewers).

Зад. 7. 1. снизилась; 2. входят; 3. приходится; 4. самым популярным каналом; 5. зрителей; 6. доверять; 7. отдают предпочтение; 8. на перенасыщенность; 9. против глупости; 10. самоцензурой.

☞ **Тема III: Субкультуры**

Урок 1

Зад. 5. самовыражение, самопознание, субкультура, музыкально-молодёжный, мировоззрение, религиозно-молодёжный, рок-музыка.

Урок 2

Зад. 5. 1. участвовать; 2. начала складываться; 3. обрели; 4. выходят, занимают; 5. способствовал.

Готовимся к тесту и устному сообщению (презентации)

Зад. 6. 1. культура; 2. субкультура; 3. девиз; 4. Цой; 5. неформалы; 6. битник; 7. "Асса"; 8. "Кино"; 9. "Аквариум".

Зад. 7. 1. values 2. представитель; 3. определять/определить (что?); 4. отличаться / отличиться (чем?); 5. world view; 6. breakthrough; 7. девиз; 8. появля́ться / появи́ться 9. to cultivate; 10. неформалы/субкультура.

Зад. 8. 1. понимается; 2. нормы, язык, поведение, ценности, религию; 3. причисляют, отличаются; 4. связаны; 5. унаследовало; 6. культивировали; 7. средой; 8. начала складываться; 9. выходят из подполья, занимают; 10. прозвучали.

🔑 Тема IV: Искусство. Граффити

Урок 1

Зад. 5. получить толчок, история исчисляется, формировать историю, сложилась традиция, делать надпись, вызывать возмущение, не хватает способностей, граффити воспринимаются.

Урок 2

Зад. 2. граффитчик, рекламщик, вандал, хулиган.

Зад. 5. 1. отпугнёт; 2. лезут; 3. приносит; 4. развязали; 5. нанести.

Готовимся к тесту и эссе

Зад. 6. 1. граффити; 2. райтер; 3. надпись; 4. фреска; 5. фестиваль; 6. Интернет; 7. хулиганство; 8. Бэнкси.

Зад. 7. 1. to draw; 2. изречение; 3. to get a boost; 4. to scratch; 5. самовыражение; 6. to portray; 7. обвинять/обвинить (кого? в чём?); 8. (из)уродовать (что?) стены.

Зад. 8. 1. исчисляется; 2. надписи, рисунки; 3. искусство, вандализм; 4. уродует; 5. декораций; 6. самовыражения; 7. анонимность; 8. выразить; 9. уродливые, в неподходящих местах; 10. вызывают возмущение, обвиняют.

🔑 Тема V: Судьба – это характер

Урок 1

Зад. 1. требовательность; преданность; общительность; выносливость; амбициозность; ответственность; настойчивость; целеустремлённость; смелость; справедливость.

Зад. 2. требователен, требовательна, требовательны; предан, преданна, преданны; справедлив, справедлива, справедливы; настойчив, настойчива, настойчивы; амбициозен, амбициозна, амбициозны; целеустремлён, целеустремлена, целеустремлены; вынослив, вынослива, выносливы; ответственен, ответственна, ответственны; общителен, общительна, общительны.

Зад. 5. успешный политик; преуспевающий предприниматель; грандиозное открытие; трёхкратная чемпионка; благотворительная деятельность; упорный характер.

Зад. 7. 1. давались; 2. воплотить, добился; 3. займётся; 4. проиграла; 5. удалось; 6. обладала; 7. покорить; 8. совершить.

Урок 2

Готовимся к тесту и устному сообщению (презентации)

Зад. 4. 1. требовательность; 2. ненависть; 3. равнодушие; 4. уважение; 5. благотворительность; 6. выносливость; 7. недоверие; 8. дотошность.

Зад. 5. 1. entrepreneur; 2. настойчивый; 3. to possess, to have; 4. достигать / достичь; 5. совершать / совершить; 6. prosperous; 7. ответственный; 8. to succeed; 9. determined; 10. общительный.

Зад. 6. 1. благотворительностью; 2. утверждает, работа в команде; 3. достичь своей цели; 4. амбициозным; 5. сделал открытие; 6. совершил, кругосветных путешествий 7. облетел; 8. вызвал интерес.

✐ Тема VI: Интернет

Урок 1

Зад. 5. доступ к информации, открыть браузер, забронировать место, облегчать жизнь, приносить пользу, полагаться на память, незаконно публиковать, получать возможность, скачать музыку, терпеть убытки.

Урок 2

Зад. 2. большинство; необходимость; реальность; возможность; зависимость; стабильность.

Зад. 5. 1. не деться; 2. пользуется; 3. соглашается; 4. стирает; 5. удаётся; 6. приводит; 7. навредить.

Готовимся к тесту и эссе

Зад. 6. 1. Интернет; 2. зрение; 3. бессонница; 4. фильтры; 5. сеть; 6. границы; 7. монитор; 8. психике; 9. зависимость.

Зад. 7. 1. загружать / загрузить; 2. reliable; 3. недостаток; 4. the source of information; 5. to have an access; 6. пользоваться интернетом; 7. интернет-зависимость; 8. harmful; 9. облегчать / облегчить; 10. search engine.

Зад. 8. 1. открыть; 2. терять; 3. преимущества, недостатки; 4. полагаются на память; 5. влияет; 6. защитить; 7. скачивать / скачать; 8. расценивается (рассматривается); 9. достоверная (надёжная); 10. стирает.

🔑 Тема VII: Наука и Человек

Урок 1

Зад. 5. поставить на первое место, замкнуть десятку, сделать рывок, считать полезным (изобретением), обходиться без телефона, провести опрос, войти в пятёрку.

Урок 2

Зад. 5. 1. был проведён; 2. обошлось; 3. несутся и сталкиваются; 4. получают; 5. используются.

Готовимся к тесту и эссе

Зад. 7. 1. коллайдер; 2. рывок; 3. электричество; 4. материя; 5. катастрофа; 6. частица; 7. Хиггс; 8. телеграф.

Зад. 8. 1. useful; 2. сталкиваться / столкнуться; 3. делать / сделать открытие; 4. использовать; 5. hard to say; 6. проводить / провести опрос; 7. to happen; 8. позволять / позволить; 9. predictable; 10. задумываться/задуматься.

Зад. 9. 1. самым полезным изобретением; 2. в пятёрку; 3. набрали; 4. опрос; 5. респондентов; 6. опубликовала; 7. приведёт к гибели; 8. используются; 9. прорыв; 10. опасаются.

🔑 Тема VIII: Гаджеты – лучшие друзья человека

Урок 1

Зад. 7. 1. перестали; 2. изобретают; 3. усовершенствуют; 4. влияет, разговаривать; 5. ведут; 6. выкладывает; 7. общаться; 8. дают, связаться.

Урок 2

Зад. 4. 1. продвигаются, рекламируются, пригодиться; 2. отнести; 3. подключаются; 4. считаются; 5. опережают.

Готовимся к тесту и эссе

Зад. 7. 1. устройство; 2. доступ; 3. прибор; 4. изобретение; 5. выставлять; 6. зависимость; 7. подключить.

Зад. 8. 1. to improve; 2. изобретать / изобрести; 3. application (web-application); 4. полезный; 5. to develop; 6. доступ к Интернету; 7. appliance, device; 8. зависимость.

Зад. 9. 1. усовершенствовала; 2. доступ; 3. бесполезны; 4. зависимость; 5. общаться; 6. виртуальный; 7. экраном; 8. выкладывать; 9. вреда, пользы.

🔑 Тема IX: Наше будущее

Урок 1

Зад. 2. искусственный интеллект, рабочие места, автоматизированный труд; человеческий мозг; повседневная жизнь.

Урок 2

Зад. 6. 1. займёт; 2. хранит; 3. облегчают; 4. заменит; 6. превратится.

Готовимся к тесту и эссе

Зад. 9. 1. производительность; 2. образование; 3. интеллект; 4. наставник; 5. гаджет; 6. навыки; 7. наносить; 8. робот

Зад. 10. 1. accumulation; 2. исчезать / исчезнуть; 3. education; 4. навыки / умения; 5. уничтожать / уничтожить; 6. to store; 7. клиповое сознание; 8. ability; 9. справляться / справиться с проблемами; 10. artificial intelligence.

Зад. 11. 1. образование; 2. исчезнет; 3. повседневную жизнь; 4. навыки; 5. знания и опыт; 6. заменят; 7. изменится; 8. мозг; 9. одарённых (талантливых) и образованных людях; 10. справляться с.

🔑 Тема X: Туризм

Урок 1

Зад. 2. Италия – Рим – Пантеон; Россия – Москва – Храм Василия Блаженного; ЮАР – Кейптаун – Скала Лайонс-Хед; Англия – Лондон – Стоунхендж; Гавайи – Гонолулу – Дворец Иолани: Иордания – Амман – Петра; Израиль – Тель-Авив – Мёртвое море; Индия – Нью-Дели – Тадж-Махал; Барбадос – Бриджтаун – пещера Харрисонс-Кейв; Греция – Афины – Парфенон.

Зад. 5. восхищаться городом, приносить прибыль, оставить память о себе, расширять кругозор, страдать от наплыва туристов, наносить вред, делать вклад.

Зад. 9. 1. восхищаются; 2. ошеломила; 3. приносит; 4. расширяют; 5. вносит; 6. наносит, нарушает.

Урок 2

Зад. 1. экотуризм; экотурист; экология; экотур; велопутешествия; велосипед; агротуризм; автотур.

Зад. 6. 1. развиваться; 2. улучшают; 3. выбрасывать; 4. вредить; 5. вырубает; 6. оказывают.

Готовимся к тесту и эссе

Зад. 7. 1. восхищаться; 2. экотуризм; 3. выгода; 4. кругозор; 5. ущерб; 6. мир; 7. влияние.

Зад. 8. 1. to cause damage; 2. уменьшаться / уменьшиться; 3. outlook; 4. to earn profit, to generate profit; 5. спасать / спасти; 6. to improve; 7. вклад; 8. to throw away, to discard; 9. энергосберегающий; 10. мусор.

Зад. 9. 1. восхищаюсь; 2. расширяет кругозор; 3. приносит прибыль; 4. страдают от; 5. прибыль; 6. уменьшается; 7. внёс вклад; 8. нарушать; 9. наносит вред; 10. оставить о себе память.

Glossary of websites
Список Источников

Chapter	Lesson	Page	Headline	Author	Website
2	1	p.29–30	"Крупнейшие российские каналы теряют зрителей"	К. Болецкая, / K. Boleckaya	https://www.vedomosti.ru/technology/articles/2016/01/22/625025-krupneishie-kanali-teryayut
	2	p.32–33	"Свободы не хватает, но цензура нужна"	В. Фёдоров / V. Fedorov	www.mk.ru/social/article/2010/08/27/525693-svobodyi-ne-hvataet-no-tsenzura-nuzhna.html
		p.38	Vladimir Pozner's opinion	Владимир Познер / Vladimir Pozner	https://pozneronline.ru/2017/10/19558/
3	2	p.46–48	An extract from the article "Молодежная субкультура в конце 1980-х и в 1990-е годы"	Дмитрий Дубровский / Dmitry Dubrovsky	http://history4you.ru/web/main/-/молодежная-субкультура-в-конце-1980-х-и-в-1990-е-годы
4	2	p.63	An extract from the book "Wall and peace"	Издательство «Эксмо» / The publishing house "Eksmo"	https://eksmo.ru/book/banksy-wall-and-piece-ITD349040/
5	2	pp.77–79	"Россия глазами иностранцев: наследие мундиаля"	ВЦИОМ / WCIOM	https://wciom.ru/index.php?id=236&uid=9247
7	1	p.101–103	"Россияне назвали самые полезные изобретения человечества"	М. Малыхин/М/ Malyhin	https://www.vedomosti.ru/lifestyle/articles/2009/11/12/rossiyane-nazvali-samye-poleznye-izobreteniya-chelovechestva
9	2	pp.135–138	"Школа станет местом социализации и тусовки"	Романова Светлана / Romanova Svetlana	https://ideanomics.ru/articles/17296
10	2	pp.155–157	"Экотуризм: выгодно, полезно, модно"	Анна Корытина / Anna Koritina	www.womanontop.ru/2013/07/ekoturizm-vyigodno-polezno-modno/

Glossary
Словарь

ⓘ ТЕМА I. ГЛОБАЛЬНЫЙ МЕЖДУНАРОДНЫЙ ЯЗЫК

владе́ние языко́м	language proficiency, language skills
влия́ние (на кого? на что?)	influence
волнова́ться (за кого? за что? о ком? о чём?)	to worry
востре́бованный	most in-demand
домини́рование чего?	supremacy
же́ртва	victim
изменя́ть / измени́ть (кого? что?)	to change
навя́зывание	imposing
наноси́ть / нанести́ (что? кому? чему?) *нанести́ вред*	to damage / to bring harm
национа́льность	nationality
носи́тель языка́	native speaker
обогаща́ть / обогати́ть (что? кого?)	to enrich
отража́ться / отрази́ться (в чём? на ком? на чём?)	to be reflected in
оце́нивать / оцени́ть (что? кого?)	to appreciate, to value, to understand
поддава́ться / подда́ться (чему?) *подда́ться влия́нию*	to fall under influence / to succumb / to give in to
представи́тель	representative
преоблада́ние	domination, prevalence
приобрета́ть / приобрести́ (что?) *приобрета́ть значе́ние*	take on more importance / acquire greater importance
проникнове́ние	entering
разруше́ние	destruction
распростране́ние	language spread
самобы́тность	identity
улучша́ть / улу́чшить (что? кого?)	to improve
упроща́ть / упрости́ть (что?)	to make it easy, to facilitate, to simplify
чужо́й язы́к	Foreign

❶ ТЕМА II. ТЕЛЕВИДЕНИЕ

амора́льный	immoral, amoral person
аудито́рия	audience
бюдже́т	budget
включа́ть / включи́ть (кого? что? куда?)	to include
входи́ть / войти́ в спи́сок	to be on the list
вытесня́ть / вы́теснить (кого? что? откуда?)	to replace, to push out
глу́пость	stupidity
деграда́ция	degradation
доверя́ть (кому? в чём?)	to trust
до́ля	portion, part, segment
занима́ться / заня́ться (чем?)	to be engaged in, to occupy
зри́тель	audience, spectator
ка́бельный	cable
кана́л	channel
ме́диа	media
монито́р	monitor
направля́ть / напра́вить про́тив чего?	to direct against smth.
наси́лие	violence
недоста́точно	not enough, insufficiently
ни́ша	niche
о́бщий	general, common, shared
одобре́ние	approval
опера́тор	provider
отдава́ть / отда́ть предпочте́ние	to prefer
отсу́тствовать	to be absent
перенасы́щенность	oversaturation
пла́та	payment
пла́тный	paid
повыша́ться / повы́ситься	to increase, to rise
подверга́ться / подве́ргнуться (чему?)	to undergo
подтвержда́ться / подтверди́ться (чем?)	to be approved
подтвержде́ние	approval, confirmation
поте́ря	loss, waste
приходи́ться / прийти́сь (на кого? на что?)	to account for / to constitute
рассужда́ть	to think, to reflect
рекла́ма	advertising, publicity
рекла́мный	advertising, publicity, marketing
рекламода́тель	advertiser
самоцензу́ра	self-censorship
скро́мный	modest
сле́довать из да́нных *Это следует из данных.*	to result from
совоку́пный	cumulative
спу́тниковый	satellite
су́тки	day (24 h.)

темати́ческий	thematic
теря́ть / потеря́ть (кого? что?)	to lose
трансли́ровать (что?)	to broadcast, transmit
уваже́ние	respect
управля́ть (кем? чем?)	to manage
управля́ться	be administered/managed
уточня́ть / уточни́ть (что? у кого?)	to clarify
хо́лдинг	holding company
целево́й	target
цель	target
цензу́ра	censorship
честь	honor
щёлкать (пу́льтом)	to flick (remote control)
экра́н	screen
эфи́р	broadcast

ⓘ ТЕМА III. СУБКУЛЬТУРЫ

авансце́на	forefront, focus of attention
альтернати́вный	alternative
атрибу́т	attribute
ба́йкер	biker
би́тник	beatnik
вводи́ть / ввести́ (что?) *вводи́ть те́рмин, вводи́ть в мо́ду*	to coin a new term to bring into fashion
вне́шность	appearance, look
возника́ть / возни́кнуть	to appear
Всеми́рная паутина, Всеми́рная се́ть	Internet, the world net
вытесня́ть	to replace, to push out
геро́й	hero
деви́з	slogan
друго́й	another
(по)заи́мствовать (что? у кого?)	to adopt
и́мидж	image
индивидуали́зм	individualism
иска́ть (кого? что?)	to search
киберпа́нк	cyberpunk
кинемато́граф	cinema
комсомо́л, ВЛКСМ	young communist league
культиви́ровать (что?)	to cultivate
культу́ра	culture
металли́ст	metalhead
мировоззре́ние	world outlook
музыка́льно-молодёжный	music and youth
(у)насле́довать (что? от кого?)	to inherit
насыща́ть / насы́тить (что?)	to nourish, enrich

немы́слимо	unthinkably, inconceivably
неформа́л	social group of young people, subculture
о́блик	look
о́браз	image
обрета́ть / обрести́ *обрести свободу*	to obtain
окруже́ние	environment, surroundings
определя́ть / определи́ть (что?) *определя́ть пра́вила*	to determine
отлича́ться / отличи́ться(чем? от кого? от чего?)	to differ
панк	punk
пацифи́ст	pacifist
переме́ны	changes
перестро́йка	perestroika
переходи́ть / перейти́ (откуда? куда?)	to transfer
персона́ж	character
пионе́р	a member of Youth organisation
пионе́рская организа́ция	Youth organisation
подпо́лье	underground
подростко́вый	teenage
помога́ть / помо́чь (кому? чему?)	to help
понима́ться (как?)	to be understood
поощря́ться	to encourage, stimulate
после́дователь	follower
появля́ться / появи́ться	to appear
представи́тель	representative
пресле́довать(ся)	to prosecute
приве́рженец	adherent, follower
принима́ть / приня́ть (кого? что?)	to accept
причисля́ть / причи́слить (кого? к чему? к кому?)	to identify with, to class oneself, to subscribe to
пропаганди́ровать	to propagandise, to advocate
проры́в	breakthrougth
растама́н	rastaman
расцве́т	prosperity, age of progress
религио́зно-молодёжный	religious and youth
рок-му́зыка	rock-music
самовыраже́ние	selfexpression
самопозна́ние	self-knowledge, self-understanding
свя́зан (с кем? с чем?)	linked to / connected to
скла́дываться / сложи́ться	to develop, evolve
сове́тский	soviet
(по)спосо́бствовать (кому? чему?)	to contribute
среда́	environment
СССР	the USSR
субкульту́ра	subculture
формирова́ться / сформирова́ться	to be formed, to be developed
те́рмин	term, terminology

те́сный	cramped
техноге́нный	technogenic, anthropogenic
уча́ствовать / поуча́ствовать (в чём?)	to take part
фанати́зм	fanaticism
форма́льный	formal
цвет	color
э́мо	emo
этни́ческий	ethnic

ⓘ ТЕМА IV. ИСКУССТВО. ГРАФФИТИ

явля́ться (кем?)	to be
анони́мность	anonymity
арт-объе́кт	art-object
барахло́	stuff (rubbish)
брейк-данс	break dance
вандали́зм	vandalism
вина́	guilt
возмуще́ние	indignation
воспринима́ться	to be perceived
вра́ть / совра́ть (кому?)	to lie
вызыва́ть / вы́звать (что?)	to cause
выраже́ние	expression
галере́я	gallery, collection
граффи́ти	graffiti
да́вние времена́	the old days
декора́ция	decoration
забра́сывать / забро́сить (что?) *забросить недостроенный дом*	to leave, to abandon
избавля́ть / изба́вить (кого? что? от чего?)	to get rid of
изменя́ть / измени́ть (что? кого?)	to change
изображе́ние	image
изрече́ние	saying / dictum
исчисля́ться *история исчисляется тысячеле́тиями*	to be around for thousands of years
ко́декс	principle, rule
компози́ция	composition
лезть в глаза́	to grab one's attention
мемориа́льный	memorial
на́дпись	inscription
надува́тельство	trickery
назо́йливо	persistently / intrusively
наноси́ть / нанести́ удар	to hit, to make an attack
населённый пункт	settlement
неполноце́нный	defective
обвиня́ть / обвини́ть (кого? в чём?)	to blame

обма́н	deception
отпу́гивать / отпугну́ть (кого? что?)	to scare, to put off
партиза́н	partisan
первобы́тный челове́к	primitive man
по́дпись	signature
покло́нник	fan
получа́ть / получи́ть (что?)	to get, to receive
по́ртить / испо́ртить (что? кого?)	to spoil
посвяща́ть / посвяти́ть (что? кому?)	to devote, to dedicate
презре́ние	contempt
прибега́ть / прибе́гнуть к возмо́жностям	to resort opportunities
приноси́ть / принести́ вы́году	to bring benefits
провинциа́льный (город)	provincial (town)
прокра́дываться / прокра́сться (куда?)	to sneak through
пря́таться / спря́таться (от кого? от чего?)	to hide
развя́зывать / развяза́ть войну	to launch a war, to start
ра́йтер	writer
рисова́ть / нарисова́ть (что? кого?)	to draw
ро́спись	mural, painting
самовыра́жение	self-expression
самосва́л	tip-track
сеть	net
скрыва́ться / скры́ться (от кого? от чего?)	to lurk, to go into hiding
сло́ган	slogan
скла́дываться / сложи́ться	to evolve
создава́ть / созда́ть (что? кого?)	to produce, to create
сокраща́ть / сократи́ть (что?)	to reduce, to cut
спосо́бность	ability
стихи́я	force of nature
счита́ть (что? кого? кем?)	to consider
проходи́ть / пройти́ (куда?)	to pass
твори́ть / сотвори́ть (что? кого?)	to create
тво́рчество	creation, art
толчо́к	impulse
то́пливный бак	fuel tank
трафаре́т	stencil
уре́зывать / уре́зать (что?)	to cut, to reduce
уро́дливый	ugly
уро́довать / изуро́довать (что? кого?)	to deface, to spoil
формиро́вать / сформирова́ть (кого? что?)	to form
фре́ска	fresco, mural
хвата́ть (чего?)	to be sufficient, to have enough
хип-хоп	hip-hop
хулига́нство	hooliganism
цара́пать / нацара́пать (что? на чём?)	to scratch
це́нность	value
элита́рность	elitism

ⓘ ТЕМА V. СУДЬБА – ЭТО ХАРАКТЕР

амбицио́зный	ambitious
антипа́тия	dislike
безразли́чие	indifference
благотвори́тельность	charity
воплоща́ть / воплоти́ть *мечту, иде́и*	to achieve, to succeed
восхище́ние	admiration
вызыва́ть / вы́звать *чу́вства, интере́с*	to excite interest
вына́сливый	resilient, robust, hardy
грандио́зный	grand, monumental
дове́рие	trust
достига́ть / дости́гнуть (чего?)	to achieve one's goal, to succeed
дото́шный	meticulous
кругосве́тное путеше́ствие	round-the-world trip
недове́рие	distrust
облада́ть (чем?)	to possess, to have
общи́тельный	sociable
обще́ственный *де́ятель*	public figure
осужде́ние	disapproval
отве́тственный	responsible
отличи́тельный	distinctive
покоря́ть / покори́ть (что? кого?)	to conquer
пре́данный	loyal
предрека́ть / предре́чь (что?)	to predict
предпринима́тель	entrepreneur
преуспева́ющий	prosperous
разга́дывать / разгада́ть (кого? что?)	to uncover, to decipher
разочарова́ние	disappointment
расшифро́вывать / расшифрова́ть (что?)	to decipher, to decode
симпа́тия	appeal, liking
спарта́нский *спарта́нские усло́вия*	Spartan conditions, without any comfort
справедли́вый	fair, just
страх	fear
соверша́ть / соверши́ть (что?)	to undertake
сто́йкость	stamina, resilience
тре́бовательный	demanding
утвержда́ть / утверди́ть (что? кого?)	to state
уваже́ние	respect
удава́ться / уда́ться (кому? что (с)делать?)	to succeed, to turn out well
упо́рство	perseverance
хотя́	despite
целеустремлённый	determined

ⓘ ТЕМА VI. ИНТЕРНЕТ

брони́ровать / заброни́ровать (что?)	to book
де́лать / сде́лать жизнь ле́гче	to make life easier
бра́узер *откры́ть бра́узер*	web browser
видеоро́лик	videoclip
возника́ть / возни́кнуть	to arise, to appear
вред	harm
вре́дный	harmful
Всеми́рная паути́на	world wide web
вы́пуск *у́тренний / вече́рний вы́пуск газе́ты*	edition, publication
ги́фки	GIF
держа́ть в голове́	to keep in mind, to remember
достове́рный *достоверный источник информации*	reliable
до́ступ к информа́ции	access to information
зара́нее	beforehand, in advance
защища́ть / защити́ть (кого? от чего?)	to defend
Земля́	Earth
земно́й шар	globe
изве́стие	news
име́ть возмо́жность + inf.	to have opportunity to do smth.
име́ть до́ступ (к чему?)	to have access
Интерне́т (интернет)	Internet
интерне́т-пира́тство	Internet piracy
итерне́т-ресу́рс	online resource
проверя́ть / прове́рить (что?)	to check
наяву́	in reality
недоста́ток	disadvantage
незако́нно	illegally
необходи́мо (что (с)делать?)	necessary to do smth.
никуда́ не де́ться	there is no escaping
но́вости	news
облегча́ть / обле́гчить *жизнь*	to make life easier
огражда́ть / огради́ть (кого? от чего?)	to protect
ожида́ние	expectation
ожире́ние	overweight
ока́зывать / оказа́ть влияние (на кого? на что?)	to influence
онла́йн *режи́м онлайн*	online
опа́сный	dangerous
опо́рно-дви́гательный аппара́т	musculoskeletal system
определя́ть / определи́ть (отноше́ние)	to determine position/relation
отдалённый	remote, distant
откры́тый	open
пла́та	payment
повседне́вный	everyday
позвоно́чник	spine

полага́ться / положи́ться на па́мять	to rely on memory
получа́ть / получи́ть возмо́жность	to get opportunity
по́льза *(sing.)*	use, benefit, advantage
после́дствия	consequences
появля́ться / появи́ться	to appear
преиму́щество	advantage
приноси́ть / принести́ по́льзу	to provide benefit
просмо́тр	browse
профессиона́льный	professional
развлека́ться / развле́чься (как?)	to entertain oneself
расце́ниваться (как?)	to recognise as
сайт	site, website
све́жий (вы́пуск)	the latest issue
ска́чивать / скача́ть (что? откуда? куда?)	to download
скеле́т	skeleton
скры́тый	hidden
сле́дует (что (с)делать?)	should do, it makes sense to do
сма́йлик	smiley, emoticon
смартфо́н	smartphone
стира́ть / стере́ть (нформа́цию)	to delete, to erase
сфе́ра	sphere
терпе́ть / потерпе́ть убы́тки	to suffer losses
теря́ть / потеря́ть время	to waste time
эмо́ция	emotion

ⓘ ТЕМА VII. НАУКА И ЧЕЛОВЕК

алгори́тм	algorithm
алкого́ль	alcohol
адро́нный колла́йдер	Hadron Collider
антибио́тик	antibiotic
бытово́й *бытова́я те́хника*	household appliances
водопрово́д	piped water supply
Вселе́нная	universe
входи́ть / войти́ в пятёрку	to rank in the top 5
ги́бель	death, ruin
го́лос	voice
голосова́ть / проголосова́ть	to vote
голосова́ние	voting
дви́гатель вну́треннего сгора́ния	combustion engine
ДНК	DNA
желе́зная доро́га	railway
заду́мываться / заду́маться (о чём?)	to give thought to
замыка́ть / замкну́ть (деся́тку)	to close (the top ten)
за́пуск	start, launch
затрудня́ться / затрудни́ться *с отве́том*	hard to say, not sure
зре́ние	vision

зубна́я щётка	toothbrush
идти́, происходи́ть	to happen
изобрете́ние	invention
колесо́	wheel
консе́рвы	canned food
контрацепти́в	contraceptive
ла́мпа нака́ливания	incandescent lamp
ла́мпочка	bulb
лопа́та	shovel
моби́льный (телефон)	mobile
набира́ть / набра́ть (сколько процентов?)	to score the percentage
называ́ть / назва́ть (что? чем?)	to give a name
обходи́ться / обойти́сь (сколько? кому?)	to cost
обходи́ться / обойти́сь (без чего?)	to live without
опаса́ться *(imperf.)*	to fear
опро́с	poll, polling
опра́шивать / опроси́ть (кого?)	to interview
парова́я маши́на	steam engine
пеницилли́н	penicillin
пи́сьменность	writing system
позволя́ть / позво́лить (что? кому?)	to allow, to let
поле́зный	useful
по́рох	gunpowder
пучо́к *встре́чные пучки́*	colliding beams
сле́довать / после́довать (за кем? за чем?)	to follow
предсказу́емый	predictable
приходи́ть / прийти́ к вы́водам	to come to conclusion
проводи́ть / провести́ опро́с	to survey
проры́в	breakthrough
пятёрка	five
располага́ться / расположи́ться (где?)	to be situated
ре́йтинг	rating
рентге́н	X ray
респонде́нт	respondent
ста́лкиваться / столкну́ться (с чем? с кем?)	to collide, to hit
стира́льная маши́на	washing machine
счита́ть (кого? кем? чем?)	to consider
телегра́ф	telegraph service
ускоре́ние	acceleration
части́ца	particle
электри́чество	electricity

ⓘ ТЕМА VIII. ГАДЖЕТЫ – ЛУЧШИЕ ДРУЗЬЯ ЧЕЛОВЕКА

безде́лица	trifle
бессмы́сленный	senseless
бла́го	benefit
влия́ть / повлия́ть (на кого? на что?)	to influence

возмо́жность	possibility
вред	harm
вставля́ть / вста́вить (что? кого? куда?)	to insert
встро́енный	built-in
выжима́ть / вы́жать (что? откуда?)	to squeeze, to press
вызыва́ть / вы́звать *страх, интере́с*	to evoke
выкла́дывать / вы́ложить (фотогра́фии)	to post
глуши́тель	sound damper
давле́ние	pressure
дёсны	gums
до́ступ (к чему?)	access
зави́симость	dependence
изобрета́ть / изобрести́ (что?)	to invent
испо́льзовать (imperf.)	to use
катакли́зм	cataclysm
клавиату́ра-ска́терть	keyboard-tablecloth
консе́рвы (мн.ч.)	canned food
кофева́рка	coffee-maker
кро́шка	crumb
мышь-массажёр	keyboard mouse-massager
наверняка́	for certain
неизбе́жный	inevitable
неле́пость	absurdity
ока́зываться / оказа́ться	to appear
опережа́ть / опереди́ть (кого? что?)	to be ahead of time
опра́вдывать / оправда́ть (кого? что?)	to justify, to excuse
печа́тать / напеча́тать (что?)	to type
подде́рживать / поддержа́ть (кого? что?)	to support
подключа́ть(ся) / подключи́ть(ся) (к чему?)	to connect, to plug in
предназнача́ть / предназна́чить (для кого? для чего?)	to intend for, mean for
прибо́р	appliance, device
приду́мывать / приду́мать (что?)	to think up
приложе́ние	application (web-application)
провали́лся (проект)	the project has failed
продвига́ть(ся) / продви́нуть(ся) (кого? что?)	to promote
разрабо́тка	development
расчёска	comb, brush
реклами́ровать (кого? что?)	to advertise
ротова́я по́лость	oral cavity
свя́зываться / связа́ться (с кем?)	to connect
связь	connection
скла́дывается впечатле́ние	it seems as if, I am beginning to think
смея́ться / посмея́ться (над кем? над чем?)	to laugh
снабжа́ть / снабди́ть (кого? что?)	to supply
соверше́нствовать(ся) / усоверше́нствовать(ся) (что?)	to improve, to perfect to upgrade, to improve

со́лнечный *со́лнечные пане́ли*	solar panels
сте́пень – *в ра́зной сте́пени*	to a different extent / to varying degrees
тра́тить / потра́тить *тра́тить де́ньги*	to spend
удивля́ться / удиви́ться (кому? чему?)	to wonder
устаре́вший	old fashioned
устро́йство	appliance, device
ча́йник	kettle
эконо́мить / сэконо́мить *вре́мя*	to save time
экра́н	screen
электрооткрыва́лка	electric opener

ⓘ ТЕМА IX. НАШЕ БУДУЩЕЕ

воспи́тывать / воспита́ть (кого? что?)	to bring up, to educate
де́ятельность *челове́ческая де́ятельность*	activity *human activity*
дели́ть(ся) / раздели́ть(ся) (кого? что?)	to divide
дро́бный	fractional
заменя́ть / замени́ть (что? кого? на что? на кого?)	to replace
занима́ть / заня́ть *рабо́чее ме́сто*	to occupy
зна́ния	knowledge
излага́ть / изложи́ть *мне́ние*	to set forward an opinion
изменя́ть / измени́ть (что? кого?)	to change
исчеза́ть / исче́знуть	to disappear
иску́сственный интелле́кт	artificial intelligence
кли́повое *созна́ние*	clip thinking
мы́слить	to think
мысль	thought
на́вык	skill
накопле́ние *зна́ний*	*knowledge* acquisition
напряже́ние *мо́зга*	brain strain
наста́вник	mentor
облегча́ть / облегчи́ть (что? кому?)	to make it easy
образова́ние	education
обуче́ние	training, education
одарённый	gifted, talented
о́пыт *о́пыт рабо́ты*	experience
оце́нка	mark, grade
повсю́ду	everywhere
по́лностью	fully, completely
производи́тельность	performance, capacity
роботизи́рованный	robotic
самостоя́тельно	independently
спосо́бность	ability
о́бласть (чего?) *в о́бласти нау́ки*	in the field of science
оце́нка	mark, grade
переставать / переста́ть *быть*	cease to be, stop

полноце́нный *полноце́нное образова́ние* — meaningful education

проника́ть / прони́кнуть (куда? во что?) — to make one's way into

справля́ться / спра́виться (с кем? с чем?) *с проблемами* — to cope with problems, to overcome

уничтожа́ть / уничто́жить (что? кого?) — to destroy

фундамента́льный — fundamental

храни́ть / сохрани́ть (что?) — to store

ⓘ ТЕМА X. ТУРИЗМ

вклад — contribution

вноси́ть / внести́ *вноси́ть вклад* — to contribute, to give input

возраста́ть / возрасти́ — to increase

восхища́ться / восхити́ться (кем? чем?) — to admire, to be delighted with

вторга́ться / вто́ргнуться (куда?) — to invade

выбра́сывать / вы́бросить (что? откуда?) — to throw away, to discard

вы́года — profit

вы́рубка ле́са — deforestation

де́ло обстои́т ина́че *(обстоять* imperf.) — this is not the case, smth. is a different story

запове́дник — nature reserve, conservation area

истира́ть / истере́ть (что? чем?) *истёрты ногами* — to scuff (scuffed)

казна́ — state treasury

ключева́я вода́ — spring waters

кругозо́р — outlook, worldview

кусо́чек *кусо́чек земли́* — piece of land

му́сор — rubbish, garbage

наноси́ть / нанести́ *наноси́ть ущерб* — to cause damage/to harm

наплы́в *наплы́в тури́стов* — inflow of tourists

наруша́ть / нару́шить (что?) — to break, to disturb, to violate

необыча́йно — immensely, highly

обеспе́чивать / обеспе́чить (что? кого? чем? кем?) — to provide

ока́зывать / оказа́ть влия́ние (на кого? на что?) — to influence, to impact

окружа́ющий мир — environment

оставля́ть / оста́вить *оста́вить па́мять о себе́; следы́* — to make your mark

ошеломля́ть / ошеломи́ть (кого? чем?) — to bemuse, to leave speechless, to stun

побере́жье — coast

превраща́ться / преврати́ться (в кого? во что?) — to turn into

приноси́ть / принести́ *приноси́ть при́быль* — to earn profit, to generate profit

расширя́ть / расши́рить (что?) — to broaden, to widen

сокро́вищница — treasure-house

спасе́ние — rescue, escape

страда́ть /пострада́ть (от чего? от кого?)	to suffer
улучша́ть / улу́чшить (что?)	to improve
уменьша́ться / уме́ньшиться	to decrease, to drop down
ущéрб	damage
хвата́ть / хвати́ть *не хвата́ет (чего?)*	to be enough, to be in short supply
чу́до свéта	Wonder of the World
энергосберега́ющий	energy saving

Index
Индекс

Note: Numbers in italics indicate a figure on the corresponding page.

Printed and bound by CPI Group (UK) Ltd, Croydon, CR0 4YY

25/09/2024

01037794-0016